BEST OF

HERZHAFTE REZEPTE ZUM TEILEN

Chefclub® NETWORK

BEST OF

HERZHAFTE REZEPTE ZUM TEILEN

CHEFCLUB
VERLAG

2018, Snacking Media
53, rue de Chabrol
75010 Paris - Frankreich

Pflichtexemplar: Dezember 2018
ISBN: 978-2-490129-06-5
2. Auflage - Gedruckt in Italien von Koryo im Dezember 2018

Bei den in diesem Buch genannten Marken handelt es sich nicht um Werbekunden.
Die Auswahl liegt einzig und allein beim Herausgeber.
Die Marken Ziploc®, Knacki®, Philadelphia®, M&M's®, Nutella®, Kinder Schokolade®, Kinder Schoko-Bons®, Nerds®, Coca-Cola®, Malibu® und Sprite® sind eingetragene Handelsmarken.

Übermäßiger Alkoholkonsum gefährdet Ihre Gesundheit. Trinken Sie in Maßen.

INHALTSVERZEICHNIS

EINLEITUNG

Die Kochzutaten aus unseren Vorratsschränken sind längst zu Filmstars geworden.

Ob auf Handys, Tablets oder Computern: Die köstlichen Videos aus dem Hause Chefclub sind bei Feinschmeckern auf der ganzen Welt beliebt!
Mittlerweile folgen über 52 Millionen Menschen weltweit unseren Rezept-Videos – und Sie gehören dazu. Unser kleines Team, das aus 35 Personen aus Deutschland, Frankreich und dem Rest der Welt besteht, ist darauf mehr als stolz.

Die Videos – und nun auch dieses erste Buch – sollen anleiten, inspirieren und amüsieren, aber vor allem sind sie zum Teilen gedacht.
Im ersten Teil, **„Familie“**, dreht sich alles um Rezepte, die so einfach und so lecker sind, dass sich die ganze Familie im Nu bei Tisch einfindet!
Der zweite Teil, **„Freunde“**, steht ganz im Zeichen des Aperitifs. Einladende Formate sollen für Geselligkeit und ein gemütliches Beisammensein sorgen.
Teil drei, **„Liebe“**, umfasst raffiniertere Rezepte, solche, deren Zubereitung viel Liebe zum Detail und Aufmerksamkeit erfordert … die gleiche Aufmerksamkeit, die man auch seiner besseren Hälfte entgegenbringt.
Und was Teil vier, **„Bonus“**, betrifft … Hier wartet eine Überraschung auf Sie. Eine süße Überraschung!

Jetzt neu: die Chefclub-App!
Das Buch und die Rezept-Videos sind nun miteinander verknüpft: Unter jedem Rezept finden Sie einen QR-Code. Laden Sie die kostenlose Chefclub-App herunter und scannen Sie damit den Code, dessen Video Sie sehen möchten.

45

HERZHAFTE
REZEPTE
ZUM TEILEN

Maaaaaaaahlzeit!

FAMILIE

RÖSTI-WRAP

AUSSEN KNUSPRIG, INNEN ZART

4 PERSONEN

ZUBEREITUNG
45 Minuten

ZUTATEN
3 Kartoffeln
2 Karotten
1 Schalotte
2 Eier
100 g Kräuter-Frischkäse
6 Scheiben Schinken
50 g geriebener Emmentaler
Schnittlauch
Salz und Pfeffer

MATERIAL
1 Reibe
1 Backblech
Backpapier

1 Kartoffeln und Karotten schälen und reiben, dann den Schnittlauch und die Schalotte fein hacken. Die Eier in einer Schüssel schlagen und mit Salz und Pfeffer würzen. Dann mit allen zuvor geschnittenen Zutaten vermengen (1).

2 Die Mischung auf einem mit Backpapier belegten Backblech verteilen und bei 180 °C 20 Minuten backen (2). Danach Kräuter-Frischkäse darauf streichen und mit Schinken belegen.

3 Die Zubereitung aufrollen (3), mit geriebenem Emmentaler bestreuen und bei 180 °C 10 Minuten im Ofen mit der Grillfunktion rösten. Mit Salatblättern servieren (4).

CHEFCLUB-TIPP
Falls Sie die Schlemmerlust überkommt, dann benutzen Sie doch Mozzarella anstelle des Frischkäses. So wird Ihr Rösti-Wrap innen noch zarter!

EINFACH DIE CHEFCLUB-APP HERUNTERLADEN
UND DIESEN CODE SCANNEN, UM DAS VIDEOS WIEDERZUFINDEN

1

2

3

4

BLUMIGER NUDELAUFLAUF

EIN NUDELAUFLAUF IN FORM EINER BLUME!

4 PERSONEN

ZUBEREITUNG
40 Minuten

ZUTATEN
400 g Conchiglioni
500 g Ricotta
200 g Schinken
100 g geriebener Parmesan
100 g geriebener Mozzarella
300 ml Béchamelsoße
½ Bund Petersilie
Salz und Pfeffer

MATERIAL
1 große Tarteform

1 Conchiglioni 12 Minuten in einem großen Topf mit kochendem Salzwasser garen.

2 Den Schinken in feine Streifen schneiden, dann in einer Schüssel mit dem Ricotta, dem geriebenen Parmesan, der gehackten Petersilie sowie Salz und Pfeffer vermischen (1). Anschließend die Nudeln mit der Mischung füllen (2).

3 Die Béchamelsoße in der Tarteform verteilen und dann die Nudeln in Blütenblätter-Form auf der Béchamelsoße anordnen (3). Den geriebenen Mozzarella in den Lücken zwischen den Nudeln verteilen.

4 Bei 190 °C 20 Minuten lang backen. Leicht abkühlen lassen, dann Nudeln einzeln aus der Form pflücken und genießen (4).

CHEFCLUB-TIPP
Bei der Zubereitung darauf achten, die Nudeln nicht zu weich zu kochen, damit sie sich noch gut weiterverarbeiten lassen. Hierzu die Nudeln abtropfen lassen, sobald die empfohlene Garzeit verstrichen ist, und im Anschluss in mit Eiswürfeln gekühltes Wasser eintauchen. Der Garvorgang wird auf diese Weise sofort gestoppt.

EINFACH DIE CHEFCLUB-APP HERUNTERLADEN UND DIESEN CODE SCANNEN, UM DAS VIDEOS WIEDERZUFINDEN

1

2

3

4

FLAMBIERTE PIZZA

CHEFCLUB SPIELT MIT DEM FEUER!

4 PERSONEN

ZUBEREITUNG
20 Minuten

ZUTATEN
2 Pizzateige
80 g Tomatensoße
1 Kugel Mozzarella
4 Scheiben roher Schinken
10 schwarze Oliven
60 ml Rum
100 g Rucola
Oregano
Balsamicoessig
Olivenöl

MATERIAL
4 Strohhalme

1 Auf dem ersten Pizzateig Tomatensoße verteilen, mit Mozzarellascheiben und schwarzen Oliven belegen (1), dann mit Oregano bestreuen.

2 Mithilfe eines Pinsels den äußeren Rand des Teigs mit Wasser bestreichen. Die Strohhalme auf dem Rand platzieren (2) und die Pizza mit dem zweiten Teig bedecken. Die Ränder der 2 Pizzateige fest umschlagen, um sie hermetisch zu verschließen (3-4). In die Strohhalme pusten, damit sich der Teig aufbläst (5), dann die Strohhalme herausziehen und die Stelle verschließen, damit die Luft nicht entweicht.

3 Bei 210 °C 12 Minuten backen. Die Pizza aus dem Ofen nehmen, mit warmem Rum begießen (6) und mithilfe eines Streichholzes flambieren.

4 Die flambierte Schale der Pizza mit einer Schere aufschneiden (7). Die Pizza mit Rucola-Blättern und rohem Schinken belegen (8). Die flambierte Schale als Salatschüssel nutzen: Rucola mit Olivenöl und Balsamicoessig würzen und servieren (9).

CHEFCLUB-TIPP
Zu einer gelungenen Pizza gehört selbstverständlich auch ein knuspriger Teig. Wenn Sie auch zu Hause nicht auf den Steinofen-Pizza-Geschmack verzichten wollen und Sie zufällig noch einige ungenutzte Fliesen in der Garage liegen haben, dann heizen Sie Ihren Ofen auf der höchsten Stufe vor und legen Sie die Fliesen umgedreht hinein. Backen Sie Ihre Pizza auf den Fliesen. Sie werden ganz sicher einen Unterschied feststellen!

EINFACH DIE CHEFCLUB-APP HERUNTERLADEN UND DIESEN CODE SCANNEN, UM DAS VIDEOS WIEDERZUFINDEN

1
2
3
4
5
6
7
8
9

GEFÜLLTE ZUCCHINI-KRONE

EIN WAHRER AUGENSCHMAUS

6 PERSONEN

ZUBEREITUNG
45 Minuten

ZUTATEN
1 grüne Zucchini
1 gelbe Zucchini
200 g Reis
300 g Hackfleisch
100 g geriebener Emmentaler
3 Eier
Tomatensoße
Salz und Pfeffer

MATERIAL
1 Pfanne
1 Kuchenform
1 Schale

1 Reis 12 Minuten garen. Währenddessen die Zucchini in feine Scheiben schneiden und jeweils für einige Minuten von beiden Seiten anbraten (1). Das Hackfleisch ebenfalls anbraten und mit Salz und Pfeffer abschmecken.

2 Das Schälchen umgedreht in der Mitte der Kuchenform platzieren (2) und die Zucchini-Scheiben leicht überlappend in die Kuchenform legen (3-4).

3 Den gekochten Reis mit Emmentaler und Eiern mischen. Die Hälfte der Mischung um die Schale herum in die Form füllen und mit einem Löffel andrücken (5). Das Hackfleisch dazugeben (6) und mit einer zweiten Schicht bedecken. Die Enden der Zucchini umklappen, um eine Krone zu formen (7).

4 Bei 180 °C 20 Minuten backen, dann die Krone durch Umstürzen aus der Kuchenform lösen. Die Schale in der Mitte mit Tomatensoße füllen (8). Die Krone in Stücke teilen, in die Tomatensoße dippen und genießen (9).

CHEFCLUB-TIPP
Für dieses Rezept sollten Sie längliche Zucchini auswählen, die in etwa die gleiche Größe haben. Achten Sie darauf, dass sich die Zucchini schön fest anfühlen – so können Sie sicher sein, dass es sich um erntefrisches Gemüse handelt! Sie haben es sich sicherlich schon gedacht: Die Zucchini spielen in diesem Rezept mehr eine dekorative als eine geschmackliche Rolle. Wenn Sie gebratene Zucchini zubereiten wollen, sollten Sie lieber kleinere Exemplare auswählen. Diese enthalten weniger Wasser und somit mehr Geschmack.

EINFACH DIE CHEFCLUB-APP HERUNTERLADEN UND DIESEN CODE SCANNEN, UM DAS VIDEOS WIEDERZUFINDEN

1
2
3
4
5
6
7
8
9

SCHNELLES QUICHE-SANDWICH

WENN ES EINMAL SCHNELL GEHEN SOLL

4 PERSONEN

ZUBEREITUNG
30 Minuten

ZUTATEN
4 Scheiben Toastbrot
6 Eier
2 Scheiben Schinken
70 g geriebener Cheddarkäse
70 g geriebener Mozzarella
1 rote Paprika
1 Zwiebel
1 Bund Schnittlauch
Salz und Pfeffer

MATERIAL
1 quadratische Ofenform
2 Bögen Backpapier

1 Backpapier-Bögen in Kreuzform in die Ofenform legen, dann die Toastbrotscheiben ohne Kruste darauf platzieren (1).

2 Die Eier in einer Schüssel schlagen, salzen und pfeffern. Die gewürfelte Paprika, die gehackte Zwiebel, den gewürfelten Schinken, ein wenig fein geschnittenen Schnittlauch sowie den geriebenen Mozzarella und Cheddarkäse unterheben und vermengen (2). Die Mischung anschließend in die Ofenform gießen (3).

3 Bei 180 °C 20 Minuten backen. Aus dem Ofen nehmen und in 8 Dreiecke schneiden (4). Noch heiß genießen. Entweder mit Besteck … oder mit der Hand wie ein Sandwich. Ganz wie es Ihnen gefällt!

CHEFCLUB-TIPP
Wenn Sie Ihr Omelett noch leichter und luftiger mögen, versuchen Sie es doch einmal mit dem berühmten Rezept der „Mère Poulard": Schlagen Sie die Eiweiße steif, fügen Sie die geschlagenen Eigelbe hinzu, und heben Sie vorsichtig den Rest der Zutaten unter. Dann bedecken Sie die Toastbrotscheiben damit. Das Ergebnis: fluffige XXL-Sandwiches … und das mit der gleichen Menge an Zutaten!

EINFACH DIE CHEFCLUB-APP HERUNTERLADEN UND DIESEN CODE SCANNEN, UM DAS VIDEOS WIEDERZUFINDEN

1

2

3

4

BACON-LASAGNE

ZARTE LASAGNE ... IM KNUSPRIGEN BACON-MANTEL

6 PERSONEN

ZUBEREITUNG
45 Minuten

ZUTATEN
200 g Lasagneplatten
250 g Hackfleisch
200 g Tomatensoße
500 ml Béchamelsoße
30 Scheiben Bacon
200 g geriebener Mozzarella
1 Zwiebel
Kräuter der Provence

MATERIAL
1 Kastenform

1 Hackfleisch und gehackte Zwiebel in einer Pfanne anbraten, dann Tomatensoße und Kräuter der Provence hinzufügen (1). Einige Minuten köcheln lassen und regelmäßig umrühren.

2 Die Kastenform vollständig mit Bacon-Scheiben auskleiden. Dazu die Scheiben senkrecht über die Seiten der Kastenform legen (2).

3 Eine Schicht Lasagneplatten auf den Bacon legen (3). Mit Béchamelsoße übergießen (4), eine Schicht geriebenen Mozzarella und eine Schicht Bolognese-Soße hinzufügen (5). Die Schichten im Wechsel wiederholen, bis die Kastenform gefüllt ist. Mit einer Schicht Béchamelsoße und Mozzarella abschließen.

4 Die überstehenden Bacon-Scheiben über dem geriebenen Mozzarella umklappen (6-7), dann bei 180 °C für 45 Minuten im Ofen backen (8). Sofort servieren (9).

CHEFCLUB-TIPP
Sie können anstatt der Bacon-Scheiben auch verschiedene Gemüsestreifen nehmen, die Sie mithilfe eines Sparschälers schneiden: Karotten, Zucchini, Auberginen ... So erhalten Sie eine köstliche und kalorienärmere Variante dieses Rezepts.

EINFACH DIE CHEFCLUB-APP HERUNTERLADEN UND DIESEN CODE SCANNEN, UM DAS VIDEOS WIEDERZUFINDEN

1
2
3
4
5
6
7
8
9

ZIP-OMELETT

WER SAGT, EIN OMELETT MUSS IN DER PFANNE ZUBEREITET WERDEN?

2 PERSONEN

ZUBEREITUNG
20 Minuten

ZUTATEN
6 Eier
1 Scheibe Schinken
½ rote Paprika
½ grüne Paprika
1 Zwiebel
100 g geriebener Mozzarella
100 g geriebener Cheddarkäse
½ Avocado
Tomatensoße
Salz und Pfeffer

MATERIAL
1 großer Kochtopf
1 Ziploc®-Gefrierbeutel

1 Die Paprika in kleine Würfel und den Schinken in Streifen schneiden, die Zwiebel fein hacken.

2 Die Eier in den Ziploc®-Gefrierbeutel aufschlagen, salzen, pfeffern, den Beutel verschließen und kraftvoll schütteln. Den Beutel öffnen und die gehackte Zwiebel, die Paprikawürfel, die Schinkenstreifen und den geriebenen Käse hinzufügen (1). Den Beutel verschließen und erneut schütteln.

3 Den Beutel in einen Topf mit siedend heißem Wasser tauchen (2) und 15 Minuten kochen lassen. Das Omelett aus dem Beutel nehmen (3) und mit Tomatensoße und Avocado-Würfeln servieren (4).

CHEFCLUB-TIPP
Damit Ihr Omelett auch wirklich gleichmäßig gegart wird, sollten Sie darauf achten, dass der Gefrierbeutel nicht in Kontakt mit dem Topf kommt. Stechen Sie zwei chinesische Ess-Stäbchen durch die obere Hälfte des Beutels und legen Sie die Stäbchen auf dem Rand des Kochtopfs ab, sodass der Beutel im Wasser gehalten wird, ohne den Topf zu berühren.

EINFACH DIE CHEFCLUB-APP HERUNTERLADEN UND DIESEN CODE SCANNEN, UM DAS VIDEOS WIEDERZUFINDEN

1

2

3

4

REGENBOGEN-TARTE

KREATIV, KUNTERBUNT UND SCHLICHTWEG KÖSTLICH

4 PERSONEN

ZUBEREITUNG
50 Minuten

ZUTATEN
2 Blätterteige
1 grüne Paprika
1 gelbe Paprika
1 rote Paprika
1 orange Paprika
1 Kugel Mozzarella
4 Scheiben Schinken
1 Ei
Salz und Pfeffer

MATERIAL
1 Auflaufform
Backpapier
1 Lineal
1 Pinsel

1 **Zubereitung der unteren Teigschicht:** Den ersten Blätterteig quadratisch zuschneiden. Dabei so wenig Teig wie möglich wegschneiden. Den Rand des Quadrats mit dem geschlagenen Ei einpinseln (1), in der Mitte mit Schinken- und Mozzarellascheiben belegen, dann salzen und pfeffern (2).

2 **Zubereitung der oberen Teigschicht:** Den zweiten Blätterteig quadratisch zuschneiden, dann auf jeder Seite des Quadrats je einen 2 cm breiten Streifen abschneiden. Einen dieser Streifen hochkant über die linke Seite des Quadrats legen. Das Quadrat anschließend in 2 cm breite Streifen schneiden (3), dann jeden zweiten Streifen nach links klappen (4). Schließlich die Paprika in ca. 1,5 cm breite Streifen schneiden (5).

3 **Zubereitung des Gitters:** Gleichfarbige Paprikastreifen quer über die flachen Teigstreifen und die umgeklappten Teigstreifen über die Paprika legen (6). Die unteren Teigstreifen nach links klappen und Paprikastreifen einer anderen Farbe hochkant platzieren. Wiederholen, bis ein Schachbrettmuster entsteht (7). Den übrig gebliebenen Teig auf den Rand legen.

4 Das Paprika-Schachbrett auf der unteren Teigschicht platzieren (8) und den Rand leicht andrücken, damit die Eier die beiden Teile miteinander verbinden. Mithilfe eines Pinsels die Tarte mit geschlagenem Ei bestreichen. Bei 200 °C 30 Minuten backen. Noch heiß genießen (9).

CHEFCLUB-TIPP
Lust auf eine Veggie-Variante? Ersetzen Sie den Schinken einfach durch einen leckeren Frischkäse Ihrer Wahl.

EINFACH DIE CHEFCLUB-APP HERUNTERLADEN UND DIESEN CODE SCANNEN, UM DAS VIDEOS WIEDERZUFINDEN

1

2

3

4

5

6

7

8

9

BLUMIGER VEGGIE-AUFLAUF

EIN AUFLAUF MIT KNUSPRIGEN KLEINEN BLÜTEN

6 PERSONEN

ZUBEREITUNG
50 Minuten

ZUTATEN
1 Mürbeteig
1 gelbe Zucchini
1 grüne Zucchini
1 Karotte
1 Aubergine
1 Kugel Mozzarella
2 Eier
150 ml Sahne
1 EL Senf
Salz und Pfeffer

MATERIAL
1 große Tarteform
1 Gemüsehobel
Backpapier

1 Mithilfe eines Gemüsehobels oder Sparschälers die gelbe und die grüne Zucchini, die Karotte und die Aubergine in dünne Scheiben schneiden.

2 Den Mürbeteig in die Tarteform legen. Den Teig mit Senf bestreichen und mit Mozzarella-Scheiben belegen.

3 Alle Gemüse-Scheiben aufrollen und die Röllchen dann aufrecht stehend auf dem Teig platzieren. In einer Schüssel Eier, Sahne, Salz und Pfeffer vermengen und dann die Mischung über das Gemüse gießen.

4 Bei 180 °C 35 Minuten backen. Den Auflauf heiß oder warm mit Salatblättern servieren.

CHEFCLUB-TIPP

Dieses Rezept eignet sich bestens, wenn sich ganz hinten in Ihrem Kühlschrank noch Gemüse versteckt. Um Gemüse, das bereits seit einer Weile aufbewahrt wird, zu mehr Frische zu verhelfen, legen Sie es einfach eine Zeit lang in Wasser, das zuvor mit Essig und zwei Stücken Zucker versetzt wurde. Damit hauchen Sie Ihrem Gemüse neues Leben ein!

EINFACH DIE CHEFCLUB-APP HERUNTERLADEN UND DIESEN CODE SCANNEN, UM DAS VIDEOS WIEDERZUFINDEN

VIER-KÄSE-SCHNEEFLOCKEN

ES SCHNEIT KÖSTLICHE KÄSE-FLOCKEN

6 PERSONEN

ZUBEREITUNG
40 Minuten

ZUTATEN
2 Pizzateige
200 g roher Schinken
1 Kugel Mozzarella
100 g Raclette-Käse
60 g Gorgonzola
100 g Parmesan
1 Eigelb

MATERIAL
1 kleine Auflaufform
1 Backblech
Backpapier

1 Den Pizzateig ausbreiten und mit rohem Schinken belegen (1). Den Mozzarella in Scheiben, den Raclette-Käse in Stäbchen und den Gorgonzola in Würfel schneiden (2). Den Käse auf den Schinken legen (3).

2 Mit Parmesan bestreuen, den belegten Pizzateig aufrollen (4) und an beiden Enden verschließen (5). Die Rolle in 8 Teile schneiden (6) und diese jeweils an beiden Enden verschließen.

3 Diese Schritte mit dem zweiten Pizzateig wiederholen. Dann die so entstandenen Brötchen auf einem mit Backpapier belegten Backblech sternförmig um eine gebutterte kleine Auflaufform herum platzieren. Anschließend mit Eigelb bestreichen (7).

4 Jedes Brötchen mithilfe einer Schere dreimal einschneiden (8). 30 Minuten bei 180 °C im Ofen backen. Danach die kleine Auflaufform entfernen, die Schneeflocke mit Salat und Tomaten dekorieren und servieren (9).

CHEFCLUB-TIPP
Sie können dieses Rezept auch in seiner süßen Variante zubereiten, indem Sie das Fleisch und den Käse mit Obst, Marmelade oder einem anderen Brotaufstrich ersetzen. In diesem Fall können Sie die Schneeflocke mit Mandarinenblättern verzieren.

EINFACH DIE CHEFCLUB-APP HERUNTERLADEN UND DIESEN CODE SCANNEN, UM DAS VIDEOS WIEDERZUFINDEN

1
2
3
4
5
6
7
8
9

CANNELLONI-KUCHEN

PSSST ... DAVON DÜRFEN IHRE ITALIENISCHEN FREUNDE NICHTS ERFAHREN!

4 PERSONEN

ZUBEREITUNG
35 Minuten

ZUTATEN
250 g Cannelloni
400 g Hackfleisch
1 rote Zwiebel
2 Knoblauchzehen
350 g Tomatensoße
100 g geriebener Parmesan
1 Kugel Mozzarella
Rosmarin
Basilikum

MATERIAL
1 Springform

1 Das Hackfleisch mit der fein gehackten Zwiebel und dem Knoblauch in einer Pfanne mit einer kleinen Menge Olivenöl anbraten (1). Ein wenig Rosmarin und die Tomatensoße hinzufügen (2), 10 Minuten köcheln lassen, dann eine Schicht Hackfleischsoße auf den Boden einer runden Springform geben (3).

2 Die Cannelloni 3 Minuten lang in kochendem Salzwasser kochen (4), dann abtropfen lassen und aufrecht auf die Hackschicht stellen (5). Anschließend jede Cannelloni mit Fleisch füllen (6) und den gesamten Nudelkuchen mit geriebenem Parmesan bestreuen (7).

3 Eine Kugel Mozzarella in Scheiben schneiden, diese auf den Kuchen legen (8) und ihn bei 200 °C für 15 Minuten im Ofen backen. Kurz abkühlen lassen, die Nudeln aus der Form lösen und mit Basilikum-Blättern verzieren. Warm genießen (9).

CHEFCLUB-TIPP
Um Ihre Kuchen oder sonstigen Zubereitungen einfach und problemlos aus der Form zu lösen, bietet sich eine Springform an! Diese lässt sich nicht nur leicht abnehmen, sondern auch gut säubern.

EINFACH DIE CHEFCLUB-APP HERUNTERLADEN UND DIESEN CODE SCANNEN, UM DAS VIDEOS WIEDERZUFINDEN

1

2

3

4

5

6

7

8

9

DREIERLEI TOMATE-MOZZARELLA

DIE BELIEBTE TOMATE-MOZZARELLA-PLATTE IN 3 RAFFINIERTEN VARIATIONEN

6 PERSONEN

ZUBEREITUNG
60 Minuten

ZUTATEN
10 Scheiben Toastbrot
2 Tomaten
3 Kugeln Mozzarella
50 g grünes Pesto
375 ml Weißwein
200 g Mozzarella-Bällchen
200 g Kirschtomaten
1 Knoblauchzehe
Basilikum
Thymian
½ Scheibe roher Schinken
2 Eier
100 g Mehl
150 g Paniermehl
½ l Pflanzenöl
Olivenöl
Salz und Pfeffer

MATERIAL
1 Toaster
1 Backblech
Alufolie
Backpapier
Spieße

1 **Als Sandwich:** Auf ein quadratisches Stück Alufolie (30 x 30 cm) ein etwas kleineres, quadratisches Stück Backpapier legen. Die Unterseite eines Toastbrots mit Olivenöl bestreichen und auf das Backpapier legen. Die andere Seite mit Pesto bestreichen, mit je 2 Scheiben Tomate und Mozzarella belegen. Zum Schluss mit ein paar Tupfern Pesto verzieren (1). Das Sandwich mit einer zweiten Scheibe Toast verschließen. Die Oberseite mit Olivenöl bestreichen (2). Die Alufolie umklappen und die Seiten wie Geschenkpapier zusammenfalten. 4 Minuten im Toaster auf höchster Stufe toasten (3).

2 **Als Fondue:** Die Mozzarella-Bällchen mit Weißwein in einem Topf schmelzen (4), dann salzen und pfeffern. Toastbrot in kleine Würfel schneiden und diese dann auf einem Stück Backpapier mit einer Mischung aus Olivenöl, fein gehacktem Knoblauch und Thymian bestreichen. Bei 180 °C 5 Minuten im Ofen backen (5). Spieße mit je einer Kirschtomate, einem Blatt Basilikum und einem Brotwürfel bestücken (6), dann ins Käsefondue tauchen.

3 **Als Krokette:** Die oberen Hälften von 2 Mozzarella-Kugeln einschneiden, sodass sich die Kugeln aufklappen lassen. Die Mozzarella-Kugeln aushöhlen und mit Tomatenwürfeln, einer halben Scheibe rohem Schinken und einem Blatt Basilikum füllen (7). Nacheinander jeweils in Mehl, Eiern und Paniermehl wenden und dann vier Minuten in heißem Öl frittieren. Die drei Variationen in beliebiger Reihenfolge genießen (8-9).

CHEFCLUB-TIPP
Vorsicht bei der Tomatenwahl: Ist sie weich und der Stiel löst sich sofort ab? Diese Tomate ist zu reif ...

EINFACH DIE CHEFCLUB-APP HERUNTERLADEN UND DIESEN CODE SCANNEN, UM DAS VIDEOS WIEDERZUFINDEN

1

2

3

4

5

6

7

8

9

WINDRÄDCHEN-TARTE

RUNDE FÜR RUNDE EIN GENUSS

6 PERSONEN

ZUBEREITUNG
40 Minuten

ZUTATEN
2 rechteckige Blätterteige
3 Scheiben Schinken
3 Kugeln Mozzarella
15 Kirschtomaten
Oregano
1 Ei
Mohnsamen
Salz und Pfeffer

MATERIAL
1 Backblech
Backpapier

1 Die Blätterteige ausbreiten und jeweils in 5 rechteckige, 8 cm breite Streifen schneiden. Die Schinken-Scheiben je in 3 Teile schneiden, die Mozzarella-Kugeln in Scheiben schneiden (1) und diese halbieren. Die Kirschtomaten ebenfalls halbieren.

2 Jeden Streifen mit 2 halben Scheiben Schinken (2), 5 halben Scheiben Mozzarella und 5 halben Kirschtomaten belegen. Salzen, pfeffern und mit Oregano bestreuen (3). Mit einem Finger die langen Ränder des Blätterteigs mit Wasser bestreichen, um sie anschließend zu verschließen (4).

3 Die erste so entstandene Rolle (5-6) auf einem mit Backpapier belegten Backblech schneckenförmig aufrollen. Mit den anderen Teigrollen die Spirale fortführen (7).

4 Die Spirale mit Eigelb bestreichen und mit Mohnsamen bestreuen (8), bei 190 °C 30 Minuten im Ofen backen, dann heiß servieren (9).

CHEFCLUB-TIPP
Mohnsamen eigenen sich perfekt, um Broten Geschmack zu verleihen. Sie können sie aber auch genauso gut in Ihren Salaten, Soßen und Kuchen verwenden oder – wenn Sie abenteuerlustig sind – sogar mit Gemüse oder in Püree. Ihre Gerichte erhalten dadurch einen leichten Nussgeschmack und mehr Biss!

EINFACH DIE CHEFCLUB-APP HERUNTERLADEN UND DIESEN CODE SCANNEN, UM DAS VIDEOS WIEDERZUFINDEN

1
2
3
4
5
6
7
8
9

FONDUE-SPAGHETTI

SPAGHETTI MIT KÄSE ... ODER KÄSE MIT SPAGHETTI?

2 PERSONEN

ZUBEREITUNG
35 Minuten

ZUTATEN
12 Scheiben Bacon
1 Kugel Mozzarella
100 g Comté
100 g Ziegenkäse
100 g Mascarpone
250 g Spaghetti
Schnittlauch
1 Knoblauchzehe
Pfeffer
½ l Wasser

MATERIAL
3 Gläser
1 Backblech
Backpapier
Alufolie

1 Drei Gläser umgedreht auf ein mit Backpapier bedecktes Backblech stellen, dann die Gläser mit Aluminium bedecken.

2 Auf jedes Glas zwei Scheiben Bacon kreuzförmig übereinanderlegen. Dann die Seiten der Gläser mit den übrigen Bacon-Scheiben umwickeln (1-2). Bei 210 °C 15 Minuten im Ofen backen, dann abkühlen lassen und Bacon-Schälchen von den Gläsern ablösen.

3 Den Mozzarella in Scheiben und den Comté in Würfel schneiden, dann in einen Topf geben und Mascarpone, Spaghetti, Schnittlauch und den fein gehackten Knoblauch hinzufügen. Pfeffern, Wasser in den Topf gießen (3) und die Nudeln wie angegeben garen. Ab und zu umrühren.

4 Die Spaghetti, sobald sie gar sind, in die Bacon-Schälchen füllen, mit Schnittlauch bestreuen und heiß servieren (4).

CHEFCLUB-TIPP
Um Knoblauch schnell und einfach zu schälen, nehmen Sie ein Glasgefäß zur Hand. Legen Sie die Knoblauchzehen hinein, verschließen Sie das Gefäß und schütteln Sie es sehr kräftig. Schon nach kurzer Zeit werden Sie sehen, dass sich die Schale vom Knoblauch abgelöst hat.

EINFACH DIE CHEFCLUB-APP HERUNTERLADEN UND DIESEN CODE SCANNEN, UM DAS VIDEOS WIEDERZUFINDEN

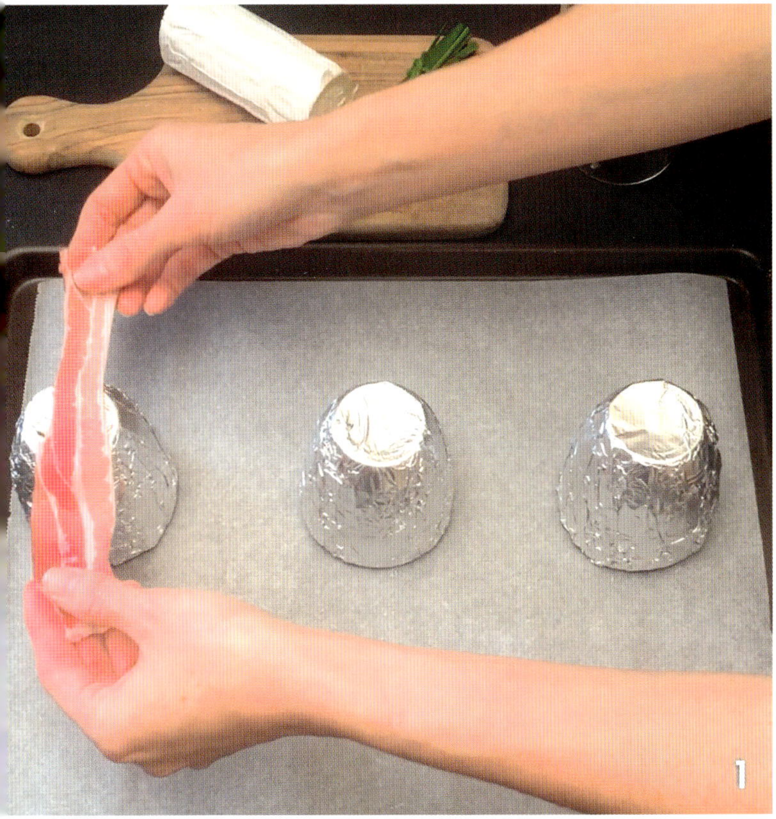
1

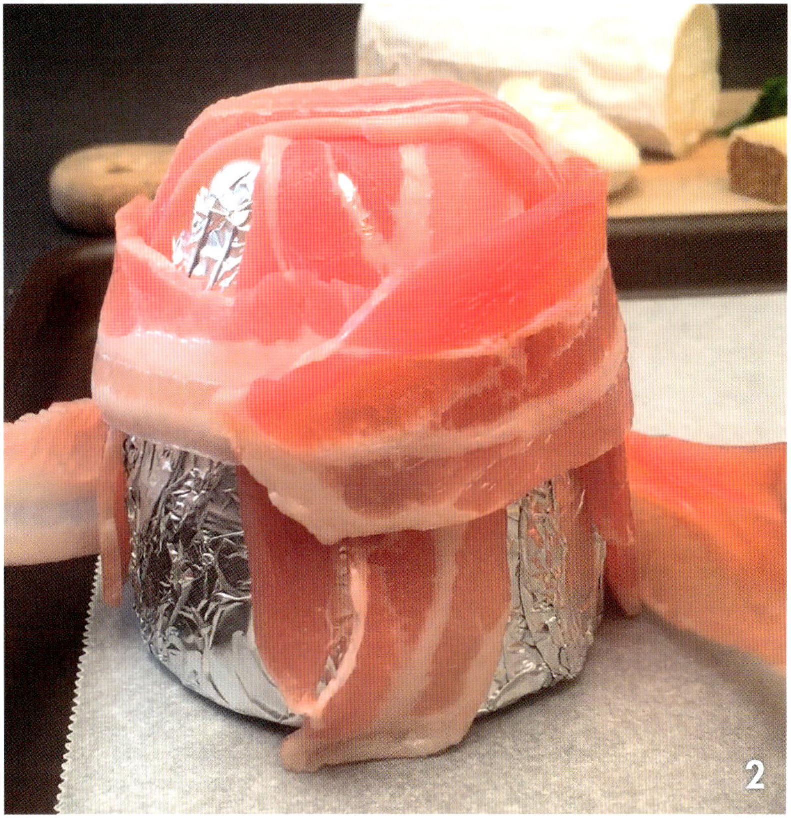
2

3

4

MITTELMEER-KRANZ

MEDITERRANE AROMEN BRINGEN DEN SOMMER IN IHRE KÜCHE

4 PERSONEN

ZUBEREITUNG
30 Minuten

ZUTATEN
1 Tomate
1 Zucchini
1 Blätterteig
100 g grünes Pesto
9 Mozzarella-Bällchen
50 g Feta
1 Ei
5 Oliven ohne Stein
Oregano

MATERIAL
1 Schale
1 Backblech

1 Den Blätterteig ausbreiten, eine Schale umgedreht in die Mitte stellen und das Pesto kreisförmig um die Schale herum auf den Teig auftragen. Dabei soll es weder die Schale, noch den Rand des Teigs berühren.

2 Die Tomaten und die Zucchini in relativ dicke Scheiben schneiden und im Wechsel auf den Teig legen (1). Die Mozzarella-Bällchen und den Feta auf die Gemüsescheiben legen, dann mit Oregano bestreuen.

3 Die Schale entfernen und den Teig in der Mitte mithilfe eines Messers sternförmig einschneiden (2). Den äußeren Rand des Blätterteigs leicht nach innen umschlagen, dann die Spitzen des Sterns zum äußeren Rand hin umklappen (3).

4 Den Blätterteig mit Eigelb bestreichen und die in Scheiben geschnittenen schwarzen Oliven darauf platzieren. Bei 190 °C 20 Minuten backen. Heiß oder warm mit ein paar Salatblättern servieren (4).

CHEFCLUB-TIPP

Für dieses Rezept müssen Sie nicht extra grünes Pesto kaufen. Sie können es ganz einfach und schnell zu Hause herstellen. Dazu mixen Sie etwa 25 g gewaschene Basilikum-Blätter, eine große Prise Salz, 8 g geröstete Pinienkerne, 35 g Parmesan, ½ Knoblauchzehe und ein wenig Olivenöl. Die Menge des Olivenöls machen Sie von der Konsistenz abhängig, die Ihr Pesto haben soll. Je mehr Olivenöl Sie verwenden, desto flüssiger wird das Pesto. Sie haben die Wahl!

EINFACH DIE CHEFCLUB-APP HERUNTERLADEN UND DIESEN CODE SCANNEN, UM DAS VIDEOS WIEDERZUFINDEN

1

2

3

4

Weil's zusammen besser schmeckt!

FREUNDE

BULETTEN-LOLLIS

SCHICHT FÜR SCHICHT EIN GENUSS

3 PERSONEN

ZUBEREITUNG
40 Minuten

ZUTATEN
Für 6 Lollis
250 g Hackfleisch
6 Mozzarella-Bällchen
6 kleine Zwiebeln
12 Scheiben Bacon
1 Ei
Barbecuesoße
Salz und Pfeffer
Petersilie

MATERIAL
1 Backblech
6 Spieße
Backpapier

1 In einer Schüssel das Hackfleisch mit der gehackten Petersilie und dem Ei mischen, dann salzen und pfeffern (1). Den Mozzarella in einer handvoll Fleisch einbetten und eine Kugel formen.

2 Die Enden der kleinen Zwiebeln abschneiden, die Haut abziehen und die äußeren Ringe der Zwiebeln einschneiden und weiterverarbeiten. Anschließend die Fleischbällchen in die Zwiebelringe setzen (2) und jede Kugel mit zwei Scheiben Bacon umwickeln.

3 Die Spieße in die Bällchen stechen, dann die Lollis auf ein mit Backpapier bedecktes Backblech legen (3) und bei 180 °C 30 Minuten im Ofen backen. Die Buletten-Lollis ofenwarm servieren (4) und in die Barbecuesoße tunken.

CHEFCLUB-TIPP
Um Tränen beim Zwiebelnschneiden zu verhindern, muss man die Zwiebeln nur unter laufendes Wasser halten. Eine nasse Zwiebel schneidet sich zwar nicht so einfach, aber weinen müssen Sie dafür nicht mehr.

EINFACH DIE CHEFCLUB APP HERUNTERLADEN
UND DIESEN CODE SCANNEN, UM DAS VIDEOS WIEDERZUFINDEN

1

2

3

4

FRITTIERTE MINI-CANNELLONI

ZEIT FÜR DEN NÄCHSTEN APERITIF

4 PERSONEN

ZUBEREITUNG
30 Minuten

ZUTATEN
12 Cannelloni
1 Zucchini
250 g Ricotta
12 Scheiben Coppa
150 g Mehl
2 Eier
150 g Paniermehl
1 l Pflanzenöl
Tomatensoße

MATERIAL
1 Pfanne mit hohem Rand
1 Ziploc®-Gefrierbeutel

1 Die Cannelloni 3 Minuten in Salzwasser garen. Abtropfen und mit kaltem Wasser abschrecken, um den Garvorgang zu stoppen.

2 Die Zucchini in Stifte schneiden, die die gleiche Länge wie die Cannelloni haben. Dann in jede Cannelloni einen Zucchini-Stift stecken.

3 Coppa in kleine Würfel schneiden und mit Ricotta und fein geschnittenem Schnittlauch vermengen. Die Masse in einen Ziploc®-Gefrierbeutel füllen und diesen verschließen. Dann eine untere Ecke abschneiden und als Spritzbeutel benutzen. Die Cannelloni von beiden Seiten mit der Masse befüllen.

4 Die Cannelloni jeweils in der Mitte teilen und panieren. Dazu nacheinander jeweils in Mehl, Eiern und Paniermehl wenden.

5 Die Cannelloni 2 Minuten in kochendem Öl frittieren, dann abtropfen lassen. Heiß mit Tomatensoße genießen.

CHEFCLUB-TIPP

Wussten Sie, dass Sie die Cannelloni auch garen können, indem Sie sie mit kochendem Wasser übergießen und im Topf ruhen lassen? Dazu müssen Sie sie lediglich so lange ziehen lassen, bis sie al dente sind!

EINFACH DIE CHEFCLUB APP HERUNTERLADEN
UND DIESEN CODE SCANNEN, UM DAS VIDEOS WIEDERZUFINDEN

HERZHAFTE ZUCCHINI-KÄSE-TEILCHEN

KNUSPRIG, CREMIG UND FERTIG IN NUR 15 MINUTEN

4 PERSONEN

ZUBEREITUNG
15 Minuten

ZUTATEN
3 Zucchini
3 Kugeln Mozzarella
100 g Mehl
3 Eier
50 g Paniermehl
50 g geriebener Parmesan
1 l Pflanzenöl
Tomatensoße

MATERIAL
1 Gemüsehobel
Zahnstocher

1 Die Zucchini der Länge nach mithilfe eines Gemüsehobels in dünne Scheiben schneiden. Die Mozzarella-Kugeln in dünne Scheiben schneiden.

2 Zwei Scheiben Zucchini kreuzförmig übereinanderlegen und eine Scheibe Mozzarella in der Mitte platzieren (1). Die Zucchini-Streifen über dem Mozzarella zusammenfalten (2). Den Vorgang mit den übrigen Mozzarella- und Zucchinischeiben wiederholen und so viele Teilchen formen wie möglich.

3 In die Mitte jedes Teilchens einen Zahnstocher stecken (3). Alle kleinen Teilchen panieren. Dazu nacheinander in Mehl, geschlagenen Eiern, geriebenem Parmesan und Paniermehl wenden.

4 Die Teilchen 2 Minuten in Öl frittieren, abtropfen lassen und die Zahnstocher entfernen. In die Tomatensoße dippen und warm genießen (4). Guten Appetit!

CHEFCLUB-TIPP
Sie wissen nicht so recht, ob Ihr Öl die richtige Temperatur hat? Nichts leichter als das! Werfen Sie ein Stück Zucchini oder ein Stück Brot vom Vortag in das Öl: Wenn sich die Farbe schnell ändert, bedeutet das, dass Ihr Öl warm genug ist.

EINFACH DIE CHEFCLUB-APP HERUNTERLADEN
UND DIESEN CODE SCANNEN, UM DAS VIDEOS WIEDERZUFINDEN

1

2

3

4

KNACKI®-KRONE

DIE KLEINEN KNACKI®-WÜRSTCHEN TANZEN RINGELREIHEN

6 PERSONEN

ZUBEREITUNG
30 Minuten

ZUTATEN
2 Blätterteige
16 Knacki®-Würstchen
500 ml Crème fraîche
50 g geriebener Cheddarkäse
Schnittlauch

MATERIAL
1 große Tarteform
1 kleine Auflaufform
1 Pinsel

1 Jedes Knacki®-Würstchen über seine gesamte Länge in Blätterteig einrollen, dann in 3 gleich große Stücke teilen.

2 In die Mitte der Kuchenform eine kleine Auflaufform stellen und diese zu ¾ mit Crème fraîche füllen. Die Knacki®-Würstchen aufrecht stehend rund um die Auflaufform anordnen. Den geriebenen Cheddarkäse in die kleine Auflaufform geben und mit der Crème fraîche verrühren.

3 Bei 210 °C 20 Minuten im Ofen backen. Die Knacki®-Würstchen im Blätterteigmantel in die mit Schnittlauch bestreute Crème fraîche dippen und warm genießen.

CHEFCLUB-TIPP
Nun zur Frage, ob man die Würstchen beim Kochen einstechen soll oder nicht. Wir würden davon abraten ... Ob beim Grillen, in der Pfanne oder in diesem Rezept und ganz egal welche Sorte Würstchen man beim Kochen einsticht: Es trocknet die Wurst aus und der Geschmack leidet darunter!

EINFACH DIE CHEFCLUB-APP HERUNTERLADEN
UND DIESEN CODE SCANNEN, UM DAS VIDEOS WIEDERZUFINDEN

CHEFCLUB APERITIF-KONFEKT

WENN'S MAL ETWAS AUSGEFALLENER SEIN SOLL

4 PERSONEN

ZUBEREITUNG
35 Minuten

ZUTATEN
2 Pizzateige
8 Mozzarella-Bällchen
1 kleines Lachsfilet
40 g Crème fraîche
2 Scheiben roher Schinken
30 g geriebener Cheddarkäse
50 g Feta
4 Kirschtomaten
Tomatensoße
Basilikum
Dill

MATERIAL
1 Eiswürfelform
1 Backblech
Backpapier

1 Einen Pizzateig über eine Eiswürfelform legen (1) und den Teig mit einem Finger in jede Vertiefung hineindrücken (2).

2 Je eine Reihe mit den folgenden Zutaten garnieren:
– 1 halbe Kirschtomate und 1 Würfel Feta (3)
– 1 Mozzarella-Bällchen und 1 Blatt Basilikum (4)
– 1 Stück roher Schinken und geriebener Cheddarkäse (5)
– 1 Stück Lachs, Crème fraîche und Dill (6)

3 Die befüllte Eiswürfelform mit dem zweiten Pizzateig bedecken und den überstehenden Teig entfernen (7). 10 Minuten im Kühlschrank ruhen lassen, dann mit einem Messer die einzelnen Konfekt-Würfel zuschneiden.

4 Das Konfekt auf ein mit Backpapier belegtes Backblech legen (8) und bei 180 °C 20 Minuten backen. Danach die kleinen Würfel in Tomatensoße dippen und heiß genießen (9).

CHEFCLUB-TIPP
Stellen Sie mit diesem Rezept für Aperitif-Liebhaber Ihre Kreativität unter Beweis! Die kleinen Würfel lassen sich mit allen Zutaten zubereiten, die Sie am liebsten mögen ... oder auch mit den Essensresten, die sich in Ihrem Kühlschrank verstecken.

EINFACH DIE CHEFCLUB-APP HERUNTERLADEN
UND DIESEN CODE SCANNEN, UM DAS VIDEOS WIEDERZUFINDEN

1

2

3

4

5

6

7

8

9

BLÜTENBLÄTTER-APERITIF

ER LIEBT MICH, ER LIEBT MICH NICHT …

6 PERSONEN

ZUBEREITUNG
60 Minuten

ZUTATEN
3 Blätterteige
300 g Hackfleisch
250 g Comté
70 g Tomatenmark
1 EL Senf
2 EL Milch
Basilikum
Salz und Pfeffer

MATERIAL
1 große Tarteform
1 Käsereibe

1 Die Blätterteige ausrollen und mithilfe eines Glases so viele runde Scheiben ausstechen wie möglich.

2 In einer Schüssel Hackfleisch, Tomatenmark, Senf, gehackte Basilikumblätter, Salz und Pfeffer mit einer Gabel vermischen (1). Die Hälfte des Comté reiben. Die Hälfte der ausgestochenen Scheiben mit ein wenig Fleisch belegen, die andere Hälfte mit dem geriebenen Comté. Die belegten Scheiben zuerst in der Mitte falten (2) und dann noch einmal in die andere Richtung, sodass der Teig die Form eines Blütenblatts annimmt.

3 Die Blütenblätter in einer Tarteform anordnen, sodass eine Blume entsteht. Dabei zwischen den mit Fleisch und den mit Käse gefüllten Blüten abwechseln. In den Lücken zwischen den Blütenblättern kleine Comté-Würfel platzieren (3).

4 Die äußeren, überstehenden Teile des Teigs mit etwas Milch bestreichen und dann bei 180 °C 45 Minuten backen. Guten Appetit (4)!

CHEFCLUB-TIPP
Um Ihrem Teig beim Backen eine schöne Farbe zu verleihen, haben Sie mehrere Möglichkeiten: Milch gibt eine eher diskrete Farbe, Eigelb verleiht ein goldgelbes Finish, Olivenöl würde man eher wegen seines Geschmacks verwenden … Und bei süßen Kuchen können Sie sogar Kaffee verwenden, um Farbe ins Spiel zu bringen!

EINFACH DIE CHEFCLUB-APP HERUNTERLADEN
UND DIESEN CODE SCANNEN, UM DAS VIDEOS WIEDERZUFINDEN

1

2

3

4

SUSHI-WÜRFEL

NIE WAREN SUSHIS SO SCHNELL FERTIG

4 PERSONEN

ZUBEREITUNG
50 Minuten

ZUTATEN
300 g Sushi-Reis
1 EL Reisessig
1 EL Zucker
8 Garnelen
1 Avocado
1 Scheibe Räucherlachs
150 g Philadelphia®
2 Surimi-Stäbchen
Sesamsamen
50 g Thunfisch
Mayonnaise
Schnittlauch
Sojasoße

MATERIAL
1 Eiswürfelform
Frischhaltefolie

1 Den Sushi-Reis 20 Minuten in kochendem Wasser garen und dann mit dem Reisessig, dem Zucker und den Sesamsamen mischen (1).

2 Eine Eiswürfelform mit Frischhaltefolie auslegen (2). Eine Avocado schälen und mithilfe eines Sparschälers in dünne Scheiben schneiden (3).

3 In eine Reihe der Eiswürfelform Avocado-Scheiben und Surimi-Stäbchen platzieren (4). In eine weitere Reihe den geschnittenen Räucherlachs (5) und den Philadelphia® füllen. Die nächste Reihe mit geschnittenem Schnittlauch und Thunfisch bestücken. Die letzte Reihe mit Garnelen und Mayonnaise befüllen.

4 Die Eiswürfelformen mit Reis auffüllen (6) und die gesamte Form 30 Minuten kalt stellen. Die Eiswürfelform auf ein Brettchen umstürzen und die Frischhaltefolie entfernen (7-8). Die Sushis in Sojasoße tunken und genießen (9).

CHEFCLUB-TIPP
So schälen Sie Ihre Avocado ganz einfach: Schneiden Sie die Avocado zunächst der Länge nach durch und entfernen Sie den Stein. Nehmen Sie ein relativ großes Glas zur Hand und nutzen Sie dessen Rand dazu, die Schale der Avocado zu entfernen. Und schon sind Sie fertig!

EINFACH DIE CHEFCLUB-APP HERUNTERLADEN
UND DIESEN CODE SCANNEN, UM DAS VIDEOS WIEDERZUFINDEN

1

2

3

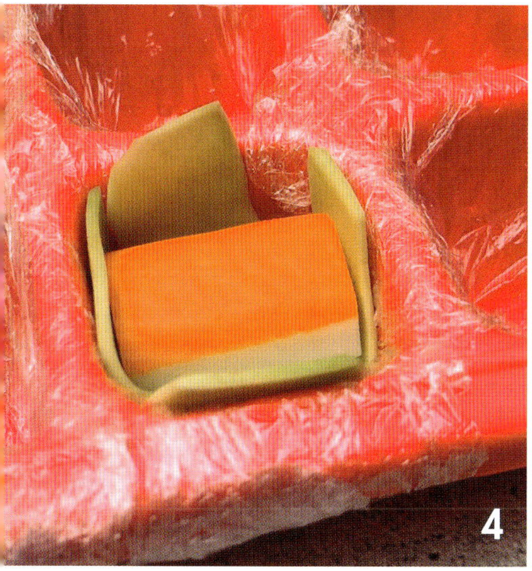
4

5

6

7

8

9

ÜBERRASCHUNGSBROT MIT REBLOCHON

MISSION REBLOCHON: HELFEN SIE DEN KLEINEN KARTOFFELN, IHREN WEG ZU FINDEN

4 PERSONEN

ZUBEREITUNG
40 Minuten

ZUTATEN
1 Bauernbrot
1 Reblochon-Käse
16 kleine Kartoffeln
8 Scheiben Bacon
3 Knoblauchzehen
Schnittlauch
Salz und Pfeffer

MATERIAL
Auflaufform
Alufolie
1 Brotmesser

1 Das Bauernbrot oben aufschneiden und aushöhlen, um ausreichend Platz für den Reblochon-Käse zu machen. Den Käse in das ausgehöhlte Brot legen und ihn mit der zuvor abgeschnittenen oberen Brothälfte abdecken. Das Brot in Alufolie einwickeln und bei 180 °C 30 Minuten im Ofen backen.

2 Die Kartoffeln in Salzwasser garen. Danach jede gekochte Kartoffel mit einer halben Scheibe Bacon umwickeln. Die Kartoffeln in eine Auflaufform legen und zerdrückte Knoblauchzehen hinzufügen. Dann bei 180 °C für 20 Minuten im Ofen backen.

3 Das Brot aus dem Ofen nehmen und die Alufolie sowie den Brotdeckel entfernen. Den Käse mit fein geschnittenem Schnittlauch und Pfeffer bestreuen. Die Kartoffeln in den geschmolzenen Käse tunken und genießen.

CHEFCLUB-TIPP
Mit den beim Aushöhlen übrig gebliebenen Brotkrumen können Sie eine Brotsuppe kochen! Braten Sie dazu einfach das Brot mit Zwiebeln und Knoblauch in einem Schmortopf an und bedecken Sie das Ganze mit Gemüsebrühe. Ein Genuss!

EINFACH DIE CHEFCLUB-APP HERUNTERLADEN UND DIESEN CODE SCANNEN, UM DAS VIDEOS WIEDERZUFINDEN

WIRBEL-POMMES

DIESE TOLLEN KNOLLEN VERDREHEN IHNEN DEN KOPF

4 PERSONEN

ZUBEREITUNG
35 Minuten

ZUTATEN
300 g Kartoffeln
70 g Butter
1 TL Salz
1 TL Zucker
150 ml Wasser
80 g Mehl
3 Eier
½ l Pflanzenöl

MATERIAL
1 Spritzbeutel
1 Tülle
1 Kochtopf

1 Kartoffeln schälen und in Salzwasser garen. Die gekochten Kartoffeln dann abseihen und zu Püree stampfen (1).

2 In einem Kochtopf Butter, Salz, Zucker und Wasser zum Kochen bringen. Den Topf von der Kochplatte nehmen, Mehl hinzufügen und mithilfe eines Spatels gut vermengen. Den Topf erneut auf die Kochplatte stellen, den Teig rühren. Dabei auch am Topfboden rühren.

3 Die Eier schlagen und nach und nach zur Teigmasse hinzufügen (2), damit diese glatt und dick wird.

4 Das Kartoffelpüree zum Teig hinzufügen, dann die Zubereitung in einen Spritzbeutel füllen. Die Masse mit kreisförmigen Bewegungen in heißes Öl spritzen, um spiralförmige Pommes Frites zu formen und diese zu frittieren (3). Anschließend mithilfe eines Stücks Küchenrolle die Pommes Frites von überschüssigem Fett befreien. Dann mit Soße servieren und genießen (4).

CHEFCLUB-TIPP
In diesem Rezept spielt Ihr Spritzbeutel eine wichtige Rolle für die Form der Fritten. Wenn Sie Ihren Pommes Frites eine besondere Form geben wollen, benutzen Sie eine gezackte Tülle – so werden die kleinen Leckerbissen zu einem sternförmigen Hingucker!

EINFACH DIE CHEFCLUB-APP HERUNTERLADEN
UND DIESEN CODE SCANNEN, UM DAS VIDEOS WIEDERZUFINDEN

1

2

3

4

COCKTAILWÜRSTCHEN IN GESELLIGER RUNDE

ZUM DIPPEN, TEILEN UND GENIESSEN

6 PERSONEN

ZUBEREITUNG
50 Minuten

ZUTATEN
2 runde Blätterteige
1 Reblochon-Käse
31 Cocktailwürstchen
1 Eigelb
Mohnsamen
Schnittlauch

MATERIAL
1 Backblech
Backpapier
1 Pinsel

1 Die obere Kruste des Reblochon-Käses abschneiden. Dann den Käse in die Mitte des ersten Blätterteigs legen.

2 Vier rechteckige Stücke Backpapier zuschneiden und damit den Teig um den Käse herum abdecken. Mit dem zweiten Blätterteig bedecken und mit den Händen den Teig um den Käse festdrücken, bis alles ganz flach ist.

3 14 Cocktailwürstchen kreisförmig am äußeren Rand des oberen Teigs platzieren. Den oberen Teig zwischen den einzelnen Cocktailwürstchen einschneiden. Die Teigstreifen um die Cocktailwürstchen zur Mitte hin aufrollen.

4 Das Backpapier entfernen. Die 17 übrigen Cocktailwürstchen wie zuvor kreisförmig am äußeren Rand platzieren, einschneiden und aufrollen. Den Teig mit einem geschlagenem Ei bepinseln und mit Mohnsamen bestreuen.

5 Bei 180 °C 40 Minuten im Ofen backen. Danach den Teig über dem Käse abschneiden und den geschmolzenen Käse mit Schnittlauch verzieren. Die kleinen Wurstbällchen in den Käse tunken und genießen.

CHEFCLUB-TIPP
Wenn Ihnen nach etwas Abwechslung ist, können Sie dieses Rezept nicht nur mit Cocktailwürstchen umsetzen, sondern auch mit Mozzarella-Bällchen und Kirschtomaten! So erhalten Sie einen Snack mit Überraschungseffekt ...

EINFACH DIE CHEFCLUB APP HERUNTERLADEN
UND DIESEN CODE SCANNEN, UM DAS VIDEOS WIEDERZUFINDEN

MOZZARELLA-ZWIEBELRINGE

EINE UNSCHLAGBARE KOMBINATION!

6 PERSONEN

ZUBEREITUNG
15 Minuten

ZUTATEN
4 rote Zwiebeln
1 Mozzarella-Block
150 g Mehl
150 g Paniermehl
4 Eier
½ l Pflanzenöl
Tomatensoße

MATERIAL
1 Kochtopf

1 Die Zwiebeln in Scheiben schneiden und die einzelnen Ringe mit den Fingern herausdrücken (1). Den Mozzarella der Länge nach in Scheiben schneiden, dann jede Scheibe der Länge nach halbieren.

2 Zwei Zwiebelringe unterschiedlicher Größe nehmen, sodass ein Streifen Mozzarella zwischen den beiden Ringen platziert werden kann (2). Auf die gleiche Weise so viele Mozzarella-Zwiebelringe formen, wie es geht, dann 1 Stunde ins Gefrierfach stellen.

3 Alle Zwiebelringe panieren. Dazu nacheinander in Mehl, geschlagenen Eiern und Paniermehl wenden (3). Anschließend 5 Minuten in Öl frittieren. In die erwärmte Tomatensoße dippen und genießen (4).

CHEFCLUB-TIPP
Camembert-Liebhaber dürfen selbstverständlich gerne den Mozzarella durch diesen Käse ersetzen. Achten Sie dabei jedoch darauf, dass der Camembert schön fest ist, damit sich die Zwiebelringe leicht zusammensetzen lassen. Als Ergebnis erhalten Sie extra-schmelzzarte Zwiebelringe!

EINFACH DIE CHEFCLUB-APP HERUNTERLADEN UND DIESEN CODE SCANNEN, UM DAS VIDEOS WIEDERZUFINDEN

1

2

3

4

CAMEMBERT-NESTER

KÖNIG CAMEMBERT WÄRMT DAS HERZ SEINER HERZOGINKARTOFFEL

2 PERSONEN

ZUBEREITUNG
50 Minuten

ZUTATEN
Für 4 Nester
500 g Kartoffeln
125 g Speckwürfel
1 Camembert
1 Ei
50 g Butter
50 g geriebener Parmesan
Petersilie
Salz und Pfeffer

MATERIAL
1 Spritzbeutel
1 gezackte Tülle
1 Backblech
Backpapier

1 Kartoffeln schälen und in Salzwasser garen. Die Kartoffeln zu Püree stampfen und Ei, Petersilie, geriebenen Parmesan, Butter, Salz und Pfeffer unterrühren. So lange rühren, bis eine homogene Masse entsteht.

2 Die Speckwürfel in einer heißen Pfanne anbraten. Währenddessen den Camembert in kleine Würfel schneiden.

3 Das Püree in den Spritzbeutel mit der gezackten Tülle füllen. Auf dem mit Backpapier bedeckten Backblech Püree-Nester formen. Die Speckwürfel in die Nester legen und mit einigen Stücken Camembert bedecken.

4 Die Nester bei 180 °C für ca. 15 Minuten im Ofen backen, bis der Käse geschmolzen ist. Warm genießen.

CHEFCLUB-TIPP
Sie haben keinen Spritzbeutel zur Hand? Nehmen Sie einfach einen Gefrierbeutel, schneiden Sie eine Ecke ab und schon kann es losgehen!

EINFACH DIE CHEFCLUB-APP HERUNTERLADEN
UND DIESEN CODE SCANNEN, UM DAS VIDEOS WIEDERZUFINDEN

APERITIF-RÖLLCHEN

KLEINE PIZZA-RÖLLCHEN – PERFEKT ZUM APERITIF

4 PERSONEN

ZUBEREITUNG
35 Minuten

ZUTATEN
1 rechteckiger Pizzateig
3 Scheiben Schinken
10 Scheiben Gruyère
Kräuter der Provence
50 g Tomatensoße
1 Knoblauchzehe
Olivenöl

MATERIAL
1 Backblech
1 kleine Auflaufform
1 Pinsel

1 Den Pizzateig ausbreiten, die Tomatensoße darauf verteilen und mit Kräutern der Provence bestreuen. 3 Scheiben Schinken untereinander auf den Teig legen (1). Darüber nebeneinander die Käsescheiben platzieren.

2 Den Teig aufrollen und dabei eine feste Rolle formen (2), dann mit einem Messer über die gesamte Länge Einschnitte vornehmen, ohne jedoch den Teig vollständig durchzuschneiden.

3 Anschließend mit der eingeschnittenen Rolle eine Leiter formen. Dafür abwechselnd ein Stück der Rolle nach links und eins nach rechts verschieben (3).

4 In einer kleinen Auflaufform gehackten Knoblauch mit Kräutern der Provence und einer kleinen Menge Olivenöl vermischen und den Pizzateig mit der Mischung bestreichen. Bei 200 °C 25 Minuten backen, dann ofenfrisch genießen (4).

CHEFCLUB-TIPP
Um Ihre Gäste mit einem besonderen Dessert zu überraschen, können Sie dieses Rezept auch in seiner süßen Variante zubereiten – mit Nutella® und Bananenstücken. Dabei die Bananenstücke beim Zurechtlegen der Rolle dekorativ auf die einzelnen Scheiben legen.

EINFACH DIE CHEFCLUB-APP HERUNTERLADEN
UND DIESEN CODE SCANNEN, UM DAS VIDEOS WIEDERZUFINDEN

1

2

3

4

WEIHNACHTSSTERN

EIN INTERSTELLARER APERITIF OHNE BACKFORM

5 PERSONEN

ZUBEREITUNG
40 Minuten

ZUTATEN
100 g Parmesan
250 g Hackfleisch
1 Blätterteig
1 Eigelb
5 Kirschtomaten
5 Mozzarella-Bällchen
Basilikum

MATERIAL
1 Schüssel
1 Eierbecher
1 Backblech
Backpapier

1 Hackfleisch, geriebenen Parmesan und Eier (1) in einer Schüssel mischen. Aus der Masse Hackbällchen formen und mit kleinen Streifen Blätterteig umwickeln (2).

2 In der Mitte eines mit Backpapier bedeckten Backblechs einen umgedrehten Eierbecher platzieren. Um den Eierbecher herum die Hackbällchen so platzieren, dass ein Sternmuster entsteht. An den 5 Enden des Sterns jeweils leicht am Blätterteig ziehen, um ihn zuzuspitzen. Den Blätterteig mit Eigelb bestreichen (3) und dann bei 180 °C 35 Minuten im Ofen backen.

3 Die Mozzarella-Bällchen und die Kirschtomaten halbieren und damit die Hackbällchen garnieren.

4 Weitere 5 Minuten bei 180 °C im Ofen backen, dann den Eierbecher entfernen. Einige Basilikum-Blätter auf dem Stern verteilen und servieren (4). Guten Appetit!

CHEFCLUB-TIPP
Um dieses Aperitif-Rezept in ein Dessert zu verwandeln, müssen Sie einfach nur die Hackbällchen durch Apfel-Kügelchen ersetzen. Statt des Mozzarellas nehmen Sie Schokolade, und die Kirschtomaten werden durch weiche Karamellbonbons ersetzt. Bestreuen Sie das Ganze mit Zimt oder Zuckerperlen – ganz wie Sie es am liebsten mögen.

EINFACH DIE CHEFCLUB-APP HERUNTERLADEN
UND DIESEN CODE SCANNEN, UM DAS VIDEOS WIEDERZUFINDEN

1

2

3

4

FONDUE-APERITIF À LA CHEFCLUB

EIN GROSSER SCHRITT FÜR DIE GESCHICHTE DES APERITIFS

4 PERSONEN

ZUBEREITUNG
35 Minuten

ZUTATEN
1 Ciabatta
½ Camembert
½ Reblochon-Käse
3 Scheiben Raclette-Käse
50 g Speckwürfel
1 Zwiebel
1 EL Parmesan
1 Knoblauchzehe
½ Bund Petersilie
Rosmarin
1 EL Olivenöl

MATERIAL
1 Backblech
Backpapier

1 Drei Quadrate in das Brot schneiden. Dabei darauf achten, dass der Boden nicht eingeschnitten wird. Die drei herausgeschnittenen Brotstücke in etwa gleich große Stäbchen schneiden (1).

2 Das erste Quadrat mit Raclette-Käse füllen (2), das zweite mit 2 Scheiben Reblochon-Käse (3) und das dritte mit zwei Scheiben Camembert (4). Den Raclette-Käse mit gebratenen Zwiebeln (5), den Reblochon mit Rosmarin und den Camembert mit gebratenen Speckwürfeln belegen (6). Diesen Vorgang wiederholen und jedes Quadrat mit einer Schicht Käse abschließen.

3 Das Olivenöl mit fein gehacktem Knoblauch, gehackter Petersilie und Parmesan vermischen. Das Brot und die Brot-Stäbchen auf ein mit Backpapier belegtes Backblech legen und mit der Olivenöl-Mischung bestreichen (7).

4 Bei 200 °C 30 Minuten im Ofen backen (8). Noch heiß servieren. Die Brot-Stäbchen in den geschmolzenen Käse dippen und genießen (9).

CHEFCLUB-TIPP
Landläufigen Meinungen zum Trotz sind Käsesorten, die gut verlaufen, nicht zwangsläufig besonders kalorienhaltig. Ganz im Gegenteil! Denn ein Käse, der gut verläuft, hat einen wichtigen Bestandteil: Wasser. Dem gegenüber stehen die Hartkäsesorten wie beispielsweise Comté und Gruyère, denen bei der Herstellung Wasser entzogen wurde und die daher einen höheren Fettanteil aufweisen. Ein Hoch auf den Camembert!

EINFACH DIE CHEFCLUB-APP HERUNTERLADEN
UND DIESEN CODE SCANNEN, UM DAS VIDEOS WIEDERZUFINDEN

1
2
3
4
5
6
7
8
9

Für alle, die Ihr Herz zum Schmelzen bringen ...

LIEBE

RÄUCHERLACHS-ZOPF

RÄUCHERLACHS-ZOPF MIT DILL UND FRISCHKÄSE, KUNSTVOLL GEFLOCHTEN

2 PERSONEN

ZUBEREITUNG
35 Minuten

ZUTATEN
1 runder Pizzateig
6 Scheiben Räucherlachs
150 g Ricotta
50 ml Sahne
Dill
Salz und Pfeffer

MATERIAL
1 Backblech
Backpapier

1 Ricotta, Sahne und Dill in einer Schüssel vermengen, dann die Mischung auf dem Pizzateig verteilen. Die Räucherlachs-Scheiben auf die Mischung legen, dann salzen und pfeffern.

2 Den Teig aufrollen und die Rolle der Länge nach durchschneiden. Die zwei Hälften des gefüllten Teigs verflechten. Anschließend die Enden zusammenfügen, um einen Kranz zu formen.

3 Auf ein mit Backpapier bedecktes Backblech legen und bei 190 °C 25 Minuten im Ofen backen. Warm genießen.

CHEFCLUB-TIPP
Falls Sie Probleme haben sollten, den Teig zu bearbeiten, legen Sie die Rolle einfach 15 Minuten ins Gefrierfach. Das Flechten geht danach viel einfacher!

EINFACH DIE CHEFCLUB-APP HERUNTERLADEN UND DIESEN CODE SCANNEN, UM DAS VIDEOS WIEDERZUFINDEN

RÜHREI-SANDWICH

DAS ETWAS ANDERE FRÜHSTÜCKSBROT

2 PERSONEN

ZUBEREITUNG
15 Minuten

ZUTATEN
4 Scheiben Brot
½ rote Paprika
½ grüne Paprika
2 Scheiben Schinken
4 Eier
80 g geriebener Mozzarella
Öl

MATERIAL
1 Pfanne
1 Pfannenwender

1 Das Innere der Brotscheiben mithilfe eines Messers entfernen. Dabei an der Kruste entlang schneiden. Das Innere für später zur Seite legen (1). Die Paprika und den Schinken in kleine Würfel schneiden.

2 Paprika- und Schinken-Würfel mit ein wenig Öl in einer Pfanne anbraten. Ein Viertel der Zubereitung in der Mitte der Pfanne zu einem Rechteck zusammenschieben, dann die Brotkruste darumlegen (2).

3 Ein Ei schlagen, dann in die Mitte der Brotkruste gießen. Den geriebenen Mozzarella hinzufügen (3) und 3 Minuten braten.

4 Das Innere des Brots auf den Käse legen und das gesamte Brot mithilfe eines Pfannenwenders umdrehen. Dann 2-3 Minuten auf dieser Seite anbraten. Ebenso mit den übrigen Scheiben Brot verfahren. Warm servieren und genießen (4).

CHEFCLUB-TIPP

Um den Geschmack der Eier zu verfeinern, können Sie anstelle des Mozzarellas auch Ziegenkäse verwenden. Hierzu den Ziegenkäse in kleine Stücke zu schneiden, damit er besser schmilzt.

EINFACH DIE CHEFCLUB-APP HERUNTERLADEN UND DIESEN CODE SCANNEN, UM DAS VIDEOS WIEDERZUFINDEN

1

2

3

4

KNUSPRIGES BLUMENKOHL-BRÖTCHEN

KNUSPER, KNUSPER, KNÄUSCHEN, WER KNUSPERT AN MEINEM ... BLUMENKOHL

2 PERSONEN

ZUBEREITUNG
20 Minuten

ZUTATEN
Für 2 Brötchen
1 kleiner Blumenkohl
4 Scheiben Schinken
50 g geriebener Parmesan
150 g geriebener Comté
3 Eier
Schnittlauch
1 TL Paprika
Olivenöl
Salz und Pfeffer

MATERIAL
1 Pfanne
1 Mixer
1 Pfannenwender

1 Den rohen Blumenkohl klein schneiden und im Mixer zerkleinern. Anschließend mit Eiern, geriebenem Parmesan, gehacktem Schnittlauch, Salz, Pfeffer und Paprika mischen.

2 Diese Mischung mit einer kleinen Menge Olivenöl in einer Pfanne verteilen und mithilfe eines Pfannenwenders 4 Quadrate formen. Bei niedriger Hitze langsam garen, mindestens 5 Minuten auf jeder Seite. Vorsichtig umdrehen.

3 Schinken und Comté darauflegen und wie ein Brötchen zuklappen. Danach noch einige Minuten braten, bis der Käse geschmolzen ist. Heiß servieren – entweder an einem Stück oder in Dreiecke geschnitten.

CHEFCLUB-TIPP
Es ist sehr wichtig, dass die Blumenkohl-Brötchen bei niedriger Temperatur gegart werden, damit die Blumenkohl-Masse gut zusammenhält und nicht zu trocken wird.

EINFACH DIE CHEFCLUB-APP HERUNTERLADEN UND DIESEN CODE SCANNEN, UM DAS VIDEOS WIEDERZUFINDEN

RUCKZUCK-RACLETTE-KARTOFFELN

MINIMALER AUFWAND, MAXIMALER GENUSS

2 PERSONEN

ZUBEREITUNG
40 Minuten

ZUTATEN
4 große Kartoffeln
4 Scheiben Bacon
4 Scheiben Raclette-Käse
2 Gewürzgurken
Schnittlauch

MATERIAL
1 Auflaufform

1 Die Kartoffeln mit Schale in Salzwasser garen (1), danach mit einem Löffel aushöhlen, sodass gerade noch die Seitenwände der Kartoffeln übrig bleiben.

2 Die ausgehöhlten Kartoffeln jeweils mit einer Scheibe Bacon umwickeln. Den Raclette-Käse in Stäbchen schneiden und in die Kartoffeln füllen (2).

3 Die Kartoffeln in eine Auflaufform setzen und bei 180 °C 30 Minuten lang im Ofen backen (3). Die Kartoffeln aus dem Ofen nehmen und mit Gewürzgurken-Scheiben und klein geschnittenem Schnittlauch verzieren. Heiß servieren (4).

CHEFCLUB-TIPP
Um Ihren Kartoffeln noch mehr Geschmack zu verleihen, können Sie die Bacon-Scheiben mit einer Mischung aus Olivenöl und fein gehacktem Knoblauch bestreichen. So erhalten Sie fein würzige Kartoffeln.

EINFACH DIE CHEFCLUB-APP HERUNTERLADEN
UND DIESEN CODE SCANNEN, UM DAS VIDEOS WIEDERZUFINDEN

1

2

3

4

GEORGISCHES BROT

CHATSCHAPURI! EINE KÖSTLICHE SPEZIALITÄT AUS GEORGIEN IN DER CHEFCLUB-VARIANTE

2 PERSONEN

ZUBEREITUNG
30 Minuten

ZUTATEN
1 Pizzateig
250 g Hackfleisch
1 Kugel Mozzarella
12 getrocknete Tomaten
1 Zwiebel
2 Knoblauchzehen
100 ml passierte Tomaten
1 Ei
15 g geriebener Cheddarkäse
Schnittlauch
Salz und Pfeffer

MATERIAL
1 Backblech
Backpapier

1 Mozzarella und getrocknete Tomaten in Streifen schneiden und dann auf den gesamten Rand des Pizzateigs legen. Die Teigränder darüber umschlagen und an beiden Enden jeweils eine Spitze formen.

2 Zwiebel und Knoblauchzehen fein hacken. Hackfleisch mit Zwiebeln, Knoblauch, passierten Tomaten, Salz und Pfeffer mischen, dann die Pizza mit der Fleischmischung belegen. Mit Cheddarkäse bestreuen, dann in der Mitte des Teigs das Ei aufschlagen.

3 Auf ein mit Backpapier bedecktes Backblech legen und bei 180 °C 25 Minuten im Ofen backen. Mit fein geschnittenem Schnittlauch bestreuen und servieren.

CHEFCLUB-TIPP
Wenn Sie Ihr Eigelb gerne flüssig mögen, fügen Sie das Ei erst am Ende der Backzeit hinzu und lassen Sie es 5 Minuten lang bei ausgeschaltetem Ofen garen. Erfolg garantiert!

EINFACH DIE CHEFCLUB-APP HERUNTERLADEN
UND DIESEN CODE SCANNEN, UM DAS VIDEOS WIEDERZUFINDEN

TOMATE-MOZZARELLA-BÄLLCHEN

DIE PEPPEN JEDES NUDELGERICHT AUF

2 PERSONEN

ZUBEREITUNG
20 Minuten

ZUTATEN
500 g Kirschtomaten
150 g Mozzarella-Bällchen
100 g Mehl
3 Eier
100 g Paniermehl
½ l Pflanzenöl
250 g Spaghetti
150 g Tomatensoße
Basilikum

MATERIAL
Spieße
1 Kochtopf

1 Die Kirschtomaten halbieren und aushöhlen (1). Ein Mozzarella-Bällchen zwischen die Kirschtomaten-Hälften setzen (2-3) und diesen Vorgang mit allen Kirschtomaten wiederholen.

2 Jede gefüllte Tomate aufspießen (4-5) und dann panieren. Dazu nacheinander jeweils in Mehl, geschlagenen Eiern und Paniermehl (6) wenden. Diese Aktion zweimal wiederholen, dann die Spieße zwei Minuten in heißem Öl frittieren (7).

3 Die Spaghetti 8 Minuten in kochendem Salzwasser garen. Die Spaghetti abtropfen lassen, auf Tellern platzieren und im Anschluss mit heißer Tomatensoße übergießen.

4 Die frittierten Tomate-Mozzarella-Bällchen auf den Tellern platzieren und mit einigen Blättern Basilikum verzieren. Guten Appetit (8-9)!

CHEFCLUB-TIPP
Um Ihre Kirschtomaten schnell und einfach auszuhöhlen, sollten Sie einen Kugelausstecher verwenden. Falls Sie keinen zur Hand haben sollten, klappt es auch mit einem kleinen Löffel. Und das ausgehöhlte Fruchtfleisch gibt Ihrer Tomatensoße eine frische Note.

EINFACH DIE CHEFCLUB-APP HERUNTERLADEN
UND DIESEN CODE SCANNEN, UM DAS VIDEOS WIEDERZUFINDEN

1
2
3
4
5
6
7
8
9

HERZHAFTER ARMER RITTER

SCHMECKT ZU JEDER TAGESZEIT

2 PERSONEN

ZUBEREITUNG
25 Minuten

ZUTATEN
6 Scheiben Toastbrot
12 Scheiben Edamer
300 g Hackfleisch
4 Eier
200 ml Sahne
50 ml Milch
3 Gewürzgurken
1 EL Knoblauchpulver
10 g Butter
Olivenöl
Pfeffer

MATERIAL
1 Schüssel
1 Pfanne
3 Zahnstocher

1 Drei Toastbrot-Scheiben mit je 2 Scheiben Edamer belegen. Ein wenig Olivenöl in der Pfanne erhitzen und aus dem Hackfleisch drei Steaks formen. Die Steaks braten und dann auf die Edamer-Scheiben legen (1).

2 Auf die Hacksteaks 2 weitere Scheiben Edamer und eine zweite Schicht Toastbrot legen.

3 Sahne, Eier, Milch, Salz und Knoblauchpulver in einer Schüssel vermischen (2). Die belegten Brote in die Mischung tauchen und anschließend mit ein wenig Butter in einer Pfanne anbraten (3).

4 Die Gewürzgurken in kleine Scheiben schneiden und einige von ihnen mit Zahnstochern aufspießen. Die Armen Ritter mit den Gurken-Spießen verzieren und genießen (4).

CHEFCLUB-TIPP
Um Lebensmittel in der Pfanne anzubraten, müssen Sie nicht zwingend Fett verwenden. Benutzen Sie eine antihaftbeschichtete Pfanne und passen Sie die Hitze an das jeweilige Produkt an, damit dieses nicht anbrennt. Öl und Butter können Sie auf diese Weise getrost tschüss sagen!

EINFACH DIE CHEFCLUB-APP HERUNTERLADEN
UND DIESEN CODE SCANNEN, UM DAS VIDEOS WIEDERZUFINDEN

1

2

3

4

HERZHAFTE BLUMEN-TÖRTCHEN

WENN WÜRSTCHEN SICH IN BLUMEN VERWANDELN

2 PERSONEN

ZUBEREITUNG
20 Minuten

ZUTATEN
1 Pizzateig
4 Knacki®-Würstchen
4 Eier
80 g geriebener Mozzarella
Salz und Pfeffer

MATERIAL
4 Spieße
1 kleine Auflaufform
1 Zahnstocher
1 Backblech
Backpapier

1 Die Knacki®-Würstchen aufspießen (1) und in Scheiben schneiden, ohne sie jedoch ganz durchzuschneiden. Dann die beiden Enden entfernen. Die Spieße herausziehen und die Knacki®-Würstchen zu einem Kreis verbiegen.

2 Mithilfe einer kleinen Auflaufform 4 runde Scheiben aus dem Pizzateig herausschneiden und die Knacki®-Würstchen darauflegen. Mithilfe eines Zahnstochers den Teig in die Lücken zwischen den Knacki®-Scheiben hineindrücken (2), sodass kleine Blumen entstehen.

3 In die Mitte der Blumen den geriebenen Mozzarella streuen. Salzen, pfeffern und bei 180 °C für 10 Minuten auf einem mit Backpapier belegten Backblech im Ofen backen.

4 Ein Eigelb in die Mitte der Blume geben (3) und weitere 3 Minuten bei 180 °C backen. Anschließend mit Salatblättern servieren (4).

CHEFCLUB-TIPP
Sie können den Belag Ihrer Blumen-Törtchen variieren, wie es Ihnen gefällt. Legen Sie zum Beispiel ein Mozzarella-Bällchen in die Mitte, und Ihre Törtchen werden extra-cremig. Lassen Sie Ihrer Fantasie freien Lauf!

EINFACH DIE CHEFCLUB-APP HERUNTERLADEN
UND DIESEN CODE SCANNEN, UM DAS VIDEOS WIEDERZUFINDEN

1

2

3

4

LINGUINE IM PARMESAN-SCHÄLCHEN

HÖREN SIE AUF, IHR GESCHIRR ZU SPÜLEN! ESSEN SIE ES LIEBER!

2 PERSONEN

ZUBEREITUNG
30 Minuten

ZUTATEN
Für 2 Schälchen
300 g Linguine
200 g geriebener Parmesan
2 Knoblauchzehen
30 g Pinienkerne
2 Kirschtomaten
Basilikum
Olivenöl
Salz und Pfeffer

MATERIAL
2 Schälchen
1 Backblech
Backpapier

1 Mit dem geriebenen Parmesan zwei runde Scheiben auf dem mit Backpapier bedeckten Backblech formen und bei 180 °C 15 Minuten im Ofen backen. Das Blech aus dem Ofen nehmen, die noch weichen Scheiben auf die umgedrehten Schälchen legen und dort abkühlen lassen, damit diese die Form der Schälchen annehmen.

2 Die Linguine 8 Minuten in kochendem Salzwasser garen. Eine Schöpfkelle Kochwasser für später aufheben.

3 Den fein gehackten Knoblauch und die Pinienkerne in einer Pfanne mit einer kleinen Menge Olivenöl anbraten. Die Linguine, das Kochwasser, einige Blätter frisches Basilikum und den geriebenen Parmesan hinzufügen und gut durchmischen.

4 Die Parmesan-Schälchen mit den Linguine bestücken. Jedes Schälchen mit einer Kirschtomate dekorieren, salzen, pfeffern und genießen.

CHEFCLUB-TIPP
Sie können die Parmesan-Schälchen auch in der Mikrowelle zubereiten. Formen Sie auf einem Stück Backpapier eine runde Scheibe aus geriebenem Parmesan und stellen Sie den Käse 45 Sekunden auf höchster Stufe in die Mikrowelle.

EINFACH DIE CHEFCLUB-APP HERUNTERLADEN UND DIESEN CODE SCANNEN, UM DAS VIDEOS WIEDERZUFINDEN

LACHSBRÖTCHEN EINMAL ANDERS

RÄUCHERLACHS, AVOCADO UND EIN WEICHGEKOCHTES EI: DIE PERFEKTE KOMBINATION

2 PERSONEN

ZUBEREITUNG
20 Minuten

ZUTATEN
Für 4 Brötchen
8 Scheiben Räucherlachs
4 Avocados
4 Eier
4 Scheiben Toastbrot
80 g Frischkäse
1 Limette
50 ml Pflanzenöl

MATERIAL
4 Schalen
4 kleine Auflaufformen
4 quadratische Stücke Frischhaltefolie
1 Kartoffelstampfer
1 Toaster

1 Ein quadratisches Stück Frischhaltefolie in jedes kleine Schälchen legen und mit ein wenig Öl auspinseln. In jede Auflaufform ein Ei aufbrechen (1) und die Frischhaltefolie um jedes Ei herum verschließen. Die Eier 4 Minuten lang in kochendem Wasser kochen.

2 Jede Schale mit je 2 Scheiben Räucherlachs vollständig auslegen. Die Frischhaltefolie von den gekochten Eiern abziehen und jede Schale mit je einem Ei bestücken (2).

3 Avocados schälen, entsteinen und in eine Schüssel legen. Frischkäse und Limettensaft hinzufügen, dann mit einem Kartoffelstampfer zerdrücken. Die Mischung anschließend in die Schalen füllen.

4 Die 4 Toastbrotscheiben auf die Größe der Schalen zurechtschneiden, toasten und auf die gefüllten Schalen legen (3).

5 Die Lachsbrötchen durch Umstürzen aus den Schalen lösen und mit etwas geriebener Limettenschale verzieren. Dann servieren (4).

CHEFCLUB-TIPP
Dieses Rezept funktioniert auch bestens mit Tomate und Mozzarella. Nehmen Sie statt Lachs rohen Schinken. Um das Ei zu ersetzen, höhlen Sie eine Kugel Mozzarella aus und füllen Sie sie mit Pesto. Anstatt des Brots nehmen Sie Tomatenscheiben, und schon ist Ihnen eine Neuauflage des Tomate-Mozzarella-Klassikers gelungen!

EINFACH DIE CHEFCLUB-APP HERUNTERLADEN
UND DIESEN CODE SCANNEN, UM DAS VIDEOS WIEDERZUFINDEN

1

2

3

4

CORDON BLEU-KROKETTEN

DAMIT LÄUFT IN DER KÜCHE ALLES RUND

2 PERSONEN

ZUBEREITUNG
35 Minuten

ZUTATEN
Für 3 Cordons bleus
3 Hähnchenfilets
3 Scheiben Schinken
6 Scheiben Emmentaler
3 Eier
100 g Paniermehl
½ l Pflanzenöl

MATERIAL
Frischhaltefolie

1 Drei quadratische Stücke Frischhaltefolie zuschneiden, je ein Hähnchenfilet auf ein Stück Folie legen und die Filets plätten. Das Fleisch salzen und pfeffern, dann je mit einer Scheibe Schinken und zwei Scheiben Emmentaler belegen (1).

2 Das belegte Fleisch zu Rouladen aufrollen (2), dann 20 Minuten ins Gefrierfach legen.

3 Die Frischhaltefolie entfernen und die Rouladen panieren. Dazu nacheinander zunächst in den geschlagenen Eiern und schließlich im Paniermehl (3) wenden.

4 Die Cordons bleus 5 Minuten lang in heißem Öl frittieren, dann abtropfen und sofort mit Salatblättern garniert servieren (4).

CHEFCLUB-TIPP
Wussten Sie, dass Sie Pflanzenöl wiederverwenden können? Sie können Lebensmittel mit ähnlichem Geschmack darin kochen und das Öl zwischen den Kochvorgängen filtern, beispielsweise mit einem Kaffeefilter oder einem Stück Küchenpapier, das Sie in einem Trichter platzieren. Um die Cordons bleus von überschüssigem Fett zu befreien, nehmen Sie einfach ein Stück Küchenrolle.

EINFACH DIE CHEFCLUB-APP HERUNTERLADEN
UND DIESEN CODE SCANNEN, UM DAS VIDEOS WIEDERZUFINDEN

1

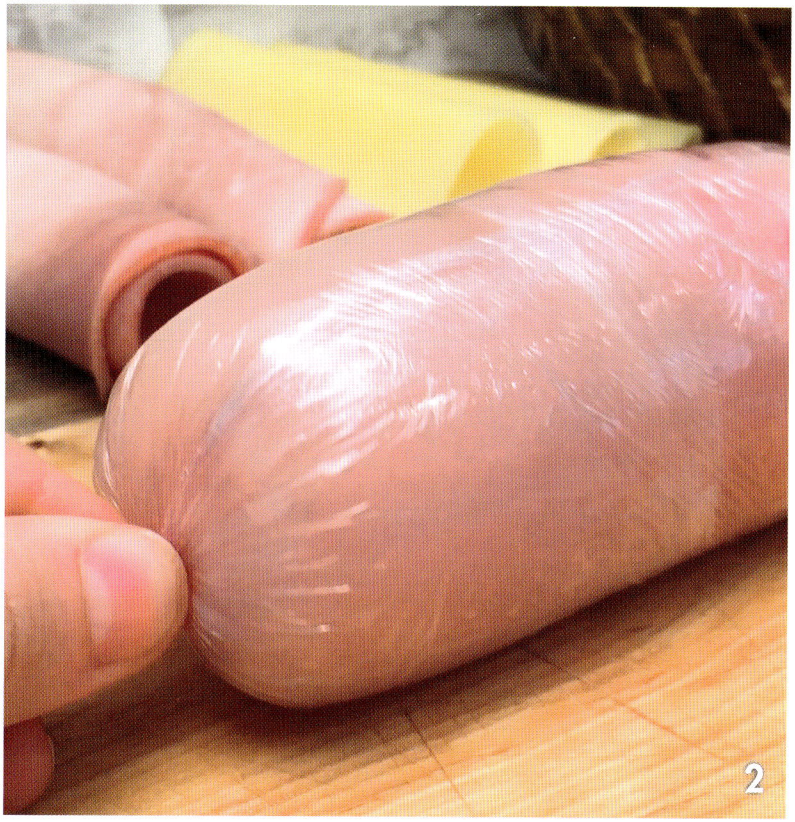
2

3

4

ARMER RITTER NACH ITALIENISCHER ART

DIESE BROTKUGELN HABEN ES IN SICH

2 PERSONEN

ZUBEREITUNG
30 Minuten

ZUTATEN
Für 2 Arme Ritter
4 Scheiben Toastbrot
4 Scheiben Coppa
2 Kugeln Mozzarella
200 ml Sahne
100 g geriebener Parmesan
3 Eier
300 ml fettarme Milch
100 g Mehl
Basilikum
Olivenöl
Salz und Pfeffer

MATERIAL
Frischhaltefolie
1 Auflaufform

1 Jede Scheibe Toast mit 1 EL Olivenöl beträufeln. Die Mozzarella-Kugeln je in 3 Scheiben schneiden, dann 2 der Toastbrotscheiben mit je 3 Scheiben Mozzarella, 2 Scheiben Coppa und einem Blatt Basilikum belegen. Die belegten Brote salzen, pfeffern und mit den 2 übrigen Toastbrotscheiben verschließen.

2 Die Brote nacheinander in die Milch, das Mehl und die geschlagenen Eier eintauchen. Die Armen Ritter in einer geölten Pfanne bei mittlerer Temperatur einige Minuten goldgelb anbraten.

3 Zwei quadratische Stücke Frischhaltefolie zuschneiden und die Armen Ritter darauflegen. Jeweils die vier Ecken der Frischhaltefolie zusammenführen, drehen und so eine Kugel formen. 10 Minuten in den Kühlschrank stellen. Währenddessen die Soße zubereiten. Dazu die Sahne und den Parmesan bei niedriger Temperatur in einem Kochtopf erwärmen.

4 Die Brotkugeln aus dem Kühlschrank nehmen, die Folie entfernen, und dann in einer Auflaufform 15 Minuten lang bei 180 °C im Ofen backen. Die Armen Ritter mit Parmesan-Creme übergießen, dann servieren.

CHEFCLUB-TIPP
Wenn Sie einmal etwas anderes bei der Zubereitung der süßen Variante des Armen Ritters versuchen wollen, dann ersetzen Sie doch die Eier mit einem Honig Ihrer Wahl. Vermischen Sie zum Beispiel einen Esslöffel Lavendelhonig mit der Milch ... Das verleiht Ihrer Zubereitung eine süß-salzige Note und ist unglaublich schmackhaft!

EINFACH DIE CHEFCLUB-APP HERUNTERLADEN UND DIESEN CODE SCANNEN, UM DAS VIDEOS WIEDERZUFINDEN

OMELETT-SANDWICH

„ESSEN ODER NICHT ESSEN. DAS IST HIER DIE FRAGE." (OMLET, 1609)

2 PERSONEN

ZUBEREITUNG
20 Minuten

ZUTATEN
4 Scheiben Toastbrot
1 Zwiebel
4 Eier
Schnittlauch
50 g geriebener Mozzarella
50 g geriebener Cheddarkäse
2 Scheiben Schinken
Olivenöl

MATERIAL
1 Pfanne
1 Schüssel

1 Die Zwiebel in kleine Stücke schneiden und in einer Pfanne mit einer kleinen Menge Olivenöl anbraten. In einer Schüssel die Eier schlagen und Mozzarella, Cheddarkäse und fein geschnittenen Schnittlauch unterheben (1). Dann die Mischung in die Pfanne geben.

2 Zwei Scheiben Toastbrot nebeneinander auf das Omelett legen (2), dann das Omelett mithilfe eines Tellers in der Pfanne umdrehen. Den Schinken in die Mitte des Omeletts legen.

3 Die Ränder des Omeletts über dem Schinken umschlagen (3) und zwei weitere Scheiben Toastbrot nebeneinander darauflegen. Das Omelett nochmals umdrehen, einige Minuten goldbraun braten und servieren (4).

CHEFCLUB-TIPP
Wenn Sie ein Frühstücks-Fan sind, können Sie dieses Rezept auch mit Pfannkuchen anstelle von Toastbrot-Scheiben umsetzen. So haben Sie einen saftigen Start in den Tag!

EINFACH DIE CHEFCLUB-APP HERUNTERLADEN
UND DIESEN CODE SCANNEN, UM DAS VIDEOS WIEDERZUFINDEN

1

2

3

4

DER SUSHI-BALL

... UND SEINE ÜBERRASCHENDE KNUSPRIG-CREMIGE FÜLLUNG

2 PERSONEN

ZUBEREITUNG
40 Minuten

ZUTATEN
Für 2 Sushi-Balls
200 g Sushi-Reis
4 Scheiben Bacon
1 Avocado
2 Eier
Pfeffer

MATERIAL
2 Schälchen
1 Backblech
Backpapier
4 quadratische Stücke Frischhaltefolie

1 Bacon-Scheiben auf ein mit Backpapier bedecktes Backblech legen und bei 170 °C 15 Minuten backen (1). Den Sushi-Reis 12 Minuten in kochendem Wasser garen. Die Eier 6 Minuten in kochendem Wasser garen.

2 Auf zwei quadratischen Stücken Frischhaltefolie jeweils 1 Kreis aus Reis formen. Die Avocado schälen, entsteinen und in sehr dünne Scheiben schneiden (3). Dann in Rosettenform auf dem Reis anordnen (4).

3 Ein zweites Stück Frischhaltefolie auf die Avocado-Scheiben legen. Avocado-Reis-Zubereitung umdrehen und in ein Schälchen legen (5), dann die Frischhaltefolie auf der Reis-Seite abziehen.

4 Den gegrillten Bacon auf dem Reis zerkrümeln, je ein Ei in der Mitte platzieren und pfeffern (6). Die Frischhaltefolie fest anziehen und eine Kugel formen (7-8), dann die Frischhaltefolie abziehen. Gut gekühlt servieren (9).

CHEFCLUB-TIPP
Für die Zubereitung dieses Rezepts empfiehlt es sich, den Reis vor dem Kochen einmal mit kaltem Wasser abzuspülen. So verliert er einen Teil seiner Stärke und wird klebrig genug, um sich nach dem Kochen zu einem perfekten Ball formen zu lassen!

EINFACH DIE CHEFCLUB-APP HERUNTERLADEN UND DIESEN CODE SCANNEN, UM DAS VIDEOS WIEDERZUFINDEN

1
2
3
4
5
6
7
8
9

MAGISCHER SALAT

LEICHT UND KNUSPRIG

2 PERSONEN

ZUBEREITUNG
15 Minuten

ZUTATEN
Für 2 Salate
2 Reispapier-Blätter
16 Garnelen
200 g Reisnudeln
1 Karotte
½ Salatgurke
½ Limette
2 EL salzige Sojasoße
Sesamsamen
Erdnüsse
Koriander
200 ml Pflanzenöl
Salz und Pfeffer

MATERIAL
1 große Pfanne

1 Das Pflanzenöl in der Pfanne erhitzen. Die Reispapier-Blätter nacheinander in die Pfanne legen und zusammenziehen lassen.

2 Garnelen und Sesamsamen mit 1 EL Pflanzenöl in der Pfanne anbraten. Währenddessen die Reisnudeln einige Minuten in warmes Wasser tauchen und die Karotte und die halbe Salatgurke in Stifte schneiden.

3 Die Salatsoße vorbereiten. Dazu den Saft einer halben Limette, die Sojasoße und 1 EL Pflanzenöl vermischen.

4 Die Reispapier-Blätter mit Nudeln, Karotten, Gurken, Garnelen und Salatsoße garnieren. Koriander und Erdnüsse hinzufügen, salzen, pfeffern und servieren!

CHEFCLUB-TIPP
Dieses Rezept lässt sich ebenfalls als Frühlingsrolle genießen! Dazu die Reispapier-Blätter kurz in heißes Wasser tauchen. Legen Sie das Reispapier anschließend auf ein angefeuchtetes Küchentuch, damit es geschmeidig bleibt und nicht klebrig wird. Verteilen Sie die Zutaten und formen Sie eine Rolle. Achten Sie darauf, das Reispapier schön fest aufzurollen.

EINFACH DIE CHEFCLUB-APP HERUNTERLADEN UND DIESEN CODE SCANNEN, UM DAS VIDEOS WIEDERZUFINDEN

Für einen letzten Happs ist noch Platz!

BONUS

M&M'S®-TARTE

KNUSPRIGE M&M'S® UND FRISCHE FRÜCHTE VEREINEN SICH ZU EINER FARBENFROHEN TORTE

4 PERSONEN

ZUBEREITUNG
40 Minuten

ZUTATEN
1 Mürbeteig
1 große Packung M&M's®
1 Mango
2 Kiwis
1 Schale Himbeeren
1 Schale Heidelbeeren
300 ml Sahne
30 g Zucker
1 Vanilleschote

MATERIAL
1 Tarteform
1 Handrührgerät
1 Kugelausstecher
Backpapier

1 Den Mürbeteig in die Tarteform legen. Die M&M's® am Rand des Teigs entlang legen (1), dann den überstehenden Teigrand umklappen (2). Den Teig mehrmals mit einer Gabel einstechen und bei 180 °C 20 Minuten backen. Danach den Teig vollständig abkühlen lassen.

2 Die Vanilleschote der Länge nach einschneiden und das Vanillemark mit einer Messerspitze herauskratzen. Sahne, Zucker und Vanille mit einem Handrührgerät schlagen, bis eine cremige Sahne entsteht. Die Sahne in den Kühlschrank stellen.

3 Mithilfe eines Kugelausstechers Mango- und Kiwibällchen formen (3). Himbeeren und Heidelbeeren waschen.

4 Sobald der Teig gut abgekühlt ist, die Sahne in der Mitte des Teigbodens verteilen und jedes Teigviertel mit einer anderen Frucht belegen. Abschließend gelbe M&M's® auf die Mangos legen, rote auf die Himbeeren, grüne auf die Kiwis und blaue auf die Heidelbeeren (4). Gut gekühlt servieren.

CHEFCLUB-TIPP
Werfen Sie die ausgekratzten Vanilleschoten nicht weg. Legen Sie sie lieber in Kristallzucker. So erhalten Sie leckeren Vanillezucker!

EINFACH DIE CHEFCLUB-APP HERUNTERLADEN UND DIESEN CODE SCANNEN, UM DAS VIDEOS WIEDERZUFINDEN

1

2

3

4

BANANEN-NUTELLA®-KRONE

DIE KRONE DES SCHLEMMERKÖNIGS

4 PERSONEN

ZUBEREITUNG
35 Minuten

ZUTATEN
1 rechteckiger Blätterteig
1 Banane
6 EL Nutella®
100 g Milchschokolade
1 Eigelb

MATERIAL
1 kleine Auflaufform
1 Pinsel

1 Banane schälen, in ca. 1,5 cm dicke Scheiben schneiden und in kleinen Abständen auf den oberen Rand des Blätterteiges legen. Nutella® leicht erwärmen und über die Bananenscheiben gießen.

2 Die untere Hälfte des Teigs in vertikale, ca. 2 cm breite Streifen schneiden (2), dann den Teig aufrollen. Dazu auf der belegten Seite beginnen. Die Enden der Rolle zusammenfügen, um eine Krone zu formen.

3 Die Krone mithilfe eines Pinsels mit Eigelb bestreichen. Die kleine Auflaufform in die Mitte der Krone stellen und mit Milchschokoladen-Stückchen befüllen.

4 Die Krone bei 180 °C 30 Minuten im Ofen backen. Die Krone servieren (4), in Stücke teilen, in die geschmolzene Schokolade tunken und genießen.

CHEFCLUB-TIPP

Werfen Sie nicht die Bananenschale weg – machen Sie daraus einen Kuchen! Trennen Sie ein Eiweiß und ein Eigelb und schlagen Sie dann das Eiweiß steif. Waschen Sie die Bananenschalen und mixen Sie sie. Mischen Sie in einer Schüssel das Eigelb, 20 g Butter und 3 EL Zucker. Geben Sie dann 1 kleines Glas Mehl, 1 TL Backpulver und die gemixte Bananenschale hinzu. Bei 180 °C 20 Minuten backen – und schon haben Sie einen perfekten Frühstückskuchen. Der gelingt immer!

EINFACH DIE CHEFCLUB-APP HERUNTERLADEN UND DIESEN CODE SCANNEN, UM DAS VIDEOS WIEDERZUFINDEN

1

2

3

4

SÜSSES RACLETTE

NACH DEM RACLETTE IST VOR DEM RACLETTE

6 PERSONEN

ZUBEREITUNG
15 Minuten

ZUTATEN
200 ml Milch
200 g Mehl
3 Eier
2 EL Zucker
30 g Butter
100 g Schoko-Bons®
100 g weiche Karamellbonbons
100 g M&M's®
100 g Himbeeren
1 Apfel
1 Birne
1 Banane
Karamell-Glasur
Schlagsahne
Schokoladencreme

MATERIAL
1 Raclette-Grill
2 Schüsseln

1 Eigelbe und Eiweiße trennen und in zwei verschiedene Schüsseln geben. In die Schüssel mit dem Eigelb Zucker und geschmolzene Butter hinzufügen und vermischen.

2 Das Mehl unterrühren, die Milch hinzufügen und erneut verrühren (1). Die Eiweiße mithilfe eines Handrührgeräts steif schlagen, dann unter die Masse heben.

3 Die Zubereitung mit einer Schöpfkelle in die Pfännchen des Raclette-Grills füllen (2). Anschließend mit den Fruchtstücken und Bonbons garnieren (3).

4 Die Pfännchen so lange im Grill lassen, bis der Teig leicht angebräunt ist. Die kleinen Küchlein mit Karamell überziehen, mit Schlagsahne oder Schokoladencreme verzieren. Guten Appetit (4)!

CHEFCLUB-TIPP
Mit diesem Rezept können Sie kleine Raclette-Küchlein in 1000 verschiedenen Variationen kreieren. Fügen Sie zum Beispiel dem Teig Gewürze wie Zimt oder Kakaopulver hinzu. Lassen Sie Ihrer Fantasie freien Lauf!

EINFACH DIE CHEFCLUB-APP HERUNTERLADEN UND DIESEN CODE SCANNEN, UM DAS VIDEOS WIEDERZUFINDEN

1

2

3

4

ZEBRASTREIFEN-KUCHEN

MIT EINEM GUSS AUS LECKERER KINDER SCHOKOLADE®

8 PERSONEN

ZUBEREITUNG
40 Minuten

ZUTATEN
370 g Kinder Schokolade®
5 Eier
80 g Rohrzucker
80 ml Milch
80 g Butter
250 g Mehl
½ Päckchen Backpulver
Salz

MATERIAL
1 Schüssel
1 Springform
1 Schöpfkelle
2 große Schalen

1 Die Eier mit dem Rohrzucker, der Milch, der geschmolzenen Butter, dem Mehl, dem Backpulver und einer Prise Salz vermischen. Den Teig teilen und in zwei Schalen füllen. 120 g geschmolzene Kinder Schokolade® (1) in eine Schale hinzufügen.

2 In die Mitte der Springform eine Schöpfkelle voll mit dem Kinder Schokoladen®-Teig füllen, dann eine Schöpfkelle mit dem Teig ohne Kinder Schokolade® (2). So lange abwechseln, bis beide Teighälften vollständig aufgebraucht sind.

3 Bei 180 °C 30 Minuten backen, dann den Kuchen aus der Form lösen. Mit 150 g geschmolzener Kinder Schokolade® übergießen, sodass der gesamte Kuchen bedeckt ist. Abkühlen lassen. Anschließend den Kuchen mit in Scheiben geschnittener Kinder Schokolade® (3) verzieren und noch warm servieren (4).

CHEFCLUB-TIPP
Damit Ihre Dekoration besonders gut gelingt und Sie die Kinder Schokolade® in perfekte Scheiben schneiden können, sollten Sie ein sehr scharfes Messer ohne Wellenschliff wählen. So wird Ihr Kuchen zu einem wahren Augenschmaus!

EINFACH DIE CHEFCLUB-APP HERUNTERLADEN UND DIESEN CODE SCANNEN, UM DAS VIDEOS WIEDERZUFINDEN

1

2

3

4

PRIMAVERA ERDBEEREIS

NUR 4 ZUTATEN FÜR EIN VERBLÜFFENDES ERGEBNIS

6 PERSONEN

ZUBEREITUNG
25 Minuten

ZUTATEN
Für 6 Eis am Stiel
130 g Haribo Primavera Erdbeeren
400 ml Sahne
6 Erdbeeren
200 g weiße Schokolade
Eiswürfel

MATERIAL
1 Stabmixer
2 Packungen Sahne
6 Stiele
1 Eiswürfelform

1 In einer Schüssel 100 ml Sahne mit 100 g Haribo Primavera Erdbeeren mixen (1). Die Eiswürfelform aus dem Gefrierfach nehmen und die Eiswürfel in eine Salatschüssel geben. Eine zweite Schüssel daraufstellen und 250 ml Sahne mit der gemixten Sahne-Primavera-Mischung schlagen.

2 Anschließend die in Stücke geschnittenen Erdbeeren hinzufügen (2) und unterheben. Die oberen Hälften der Sahnepackungen entfernen und die Sahne-Mischung in die unteren Hälften füllen.

3 In gleichmäßigen Abständen drei Einschnitte in die befüllten Sahnepackungen machen, die Eis-Stiele hineinstecken (3) und 6 Stunden ins Gefrierfach stellen. Danach die Sahnepackungen in drei Teile schneiden, um so drei Eis am Stiel zu erhalten. Den Karton entfernen.

4 In einem Glas 50 ml Sahne mit der geschmolzenen weißen Schokolade mischen und jedes Eis am Stiel hineintauchen. Anschließend mit 30 g im Mixer zerkleinerten Haribo Primavera Erdbeeren dekorieren und für weitere 30 Minuten ins Gefrierfach stellen. Kalt genießen (4)!

CHEFCLUB-TIPP
Bereiten Sie ruhig einen Großteil dieses Rezepts im Voraus vor – so schmeckt es am Ende noch besser. Wenn Sie das Eis bereits am Vortag ins Gefrierfach stellen, erhalten Sie eine noch festere, köstlichere Konsistenz!

EINFACH DIE CHEFCLUB-APP HERUNTERLADEN UND DIESEN CODE SCANNEN, UM DAS VIDEOS WIEDERZUFINDEN

1

2

Fleurette
CRÈME DE NORMANDIE
33cle
ELLE & VIRE Produits Laitiers
Service Consommateurs
50890 Condé-sur-Vire, France.
3

4

COCKTAIL-AQUARIUM

DA KOMMT STRAND-FEELING AUF!

8 PERSONEN

ZUBEREITUNG
20 Minuten

ZUTATEN
120 g Vanilleeis
1 Packung Krokodil-Fruchtgummis
1 Packung grüne Nerds®
700 ml Malibu®
200 ml Curaçao
1 l Sprite®
1 Limette
2 Zitronen
20 Eiswürfel
2 Kirschen

MATERIAL
Strohhalme
1 Goldfischglas
1 Glas

1 Vanilleeis, 8 Eiswürfel und 100 ml Malibu® mixen. In ein hohes Glas gießen und dieses in die Mitte des Goldfischglases stellen (1).

2 Das Aquarium mit Eiswürfeln und Krokodil-Fruchtgummis füllen. 600 ml Malibu®, Curaçao und Sprite® (2) ins Goldfischglas gießen und einige grüne Nerds® hinzufügen.

3 Zitrone in Scheiben schneiden und diese an der Außenwand des Glasgefäßes platzieren (3).

4 Limette halbieren und eine Hälfte mehrfach einschneiden. Danach mit zwei Kirschen auf einen Strohhalm setzen, um eine kleine Palme mit Kokosnüssen zu basteln. Die so entstandene Palme auf ihre Insel – das Glas mit der Vanilleeis-Malibu®-Mischung – pflanzen und die restlichen Strohhalme ins türkise Wasser stecken. Prost (4)!

CHEFCLUB-TIPP
Wenn Sie es noch ausgefallener mögen, dann fügen Sie doch noch fisch- oder muschelförmige Bonbons hinzu, damit Ihr Aquarium richtig lebendig wird. Und damit die schöne blaue Farbe des Wassers auch richtig zur Geltung kommt, sollten Sie durchsichtige Strohhalme benutzen. An die Halme, fertig, los!

EINFACH DIE CHEFCLUB-APP HERUNTERLADEN UND DIESEN CODE SCANNEN, UM DAS VIDEOS WIEDERZUFINDEN

1

2

3

4

EISIGE WODKA-LIMONADE

EINE ERFRISCHENDE ABKÜHLUNG MIT SCHUSS!

3 PERSONEN

ZUBEREITUNG
20 Minuten

ZUTATEN
Für 3 Wodka-Limos
3 Zitronen
200 ml Prosecco
200 ml Wodka
120 g flüssiger Honig
Minzblätter

MATERIAL
1 Stabmixer
1 Karaffe
1 Eiswürfelform
1 Sieb
1 Glas

1 Die Zitronen oben aufschneiden und das Fruchtfleisch entnehmen. Das Fruchtfleisch in das Sieb legen und mit einem Glas den Saft herauspressen. Die ausgehöhlten Zitronen zur Seite stellen.

2 Den Zitronensaft in die Eiswürfelform füllen. Dabei die einzelnen Formen nicht ganz auffüllen. In jede Vertiefung Wodka, einige Tropfen Honig und ein Minzblatt geben.

3 Die Eiswürfelform 1 Stunde ins Gefrierfach stellen, bis die Zitronen-Eiswürfel fest geworden sind. Die ausgehöhlten Zitronen ebenfalls ins Gefrierfach stellen.

4 Die Eiswürfel aus dem Gefrierfach nehmen und in eine Karaffe füllen. Mit Prosecco auffüllen und so lange mit dem Stabmixer mixen, bis eine Granita entsteht. Die Granita in die ausgehöhlten Zitronen füllen. Prost!

CHEFCLUB-TIPP
Wenn auch Sie zu denjenigen gehören, die vergessen, die Eiswürfel rechtzeitig vorzubereiten, haben wir einen Tipp für Sie: Füllen Sie Ihre Eiswürfelform mit warmem Wasser statt mit kaltem Wasser ... Die Eiswürfel gefrieren so viel schneller! Es gibt immer noch keine genaue Erklärung für dieses Phänomen, aber es funktioniert garantiert!

EINFACH DIE CHEFCLUB-APP HERUNTERLADEN UND DIESEN CODE SCANNEN, UM DAS VIDEOS WIEDERZUFINDEN

FROSTIGER WHISKY-COLA

DIE NEUAUFLAGE DES KLASSIKERS

6 PERSONEN

ZUBEREITUNG
30 Minuten

ZUTATEN
1,5 l Coca-Cola®
700 ml Whisky
1 Limette
2 Kirschen
2 Erdbeeren

MATERIAL
1 Mixer
1 Eiswürfelform

1 Coca-Cola® in die Eiswürfelform gießen und anschließend für etwa 3 Stunden ins Gefrierfach stellen (1).

2 Die Eiswürfelform aus dem Gefrierfach nehmen und die Cola-Eiswürfel in einen Mixer füllen. Whisky hinzufügen und mixen (2).

3 Die Granita in Gläser füllen und mit Limettenscheiben, Kirschen und Erdbeeren dekorieren (3-4). Prost!

CHEFCLUB-TIPP
Mischen Sie den Saft einer Zitrone mit der Coca-Cola® und stellen Sie das Gemisch in einem hermetisch verschlossenen Behälter so lange ins Gefrierfach, bis alles gefroren ist. Beim Servieren nehmen Sie die Zubereitung aus dem Gefrierfach und kratzen mithilfe einer Gabel über die Oberfläche. Verteilen Sie die so entstandene Granita in die Gläser, füllen Sie diese mit Whisky auf und servieren Sie!

EINFACH DIE CHEFCLUB-APP HERUNTERLADEN UND DIESEN CODE SCANNEN, UM DAS VIDEOS WIEDERZUFINDEN

1

2

3

4

SIE HABEN NOCH MEHR HUNGER AUF CHEFCLUB?

Entecken Sie 3 neue Rezepte mit der Chefclub-App!
Dieser Appetizer ist exklusiv für Sie als Besitzer dieses Buches.

Wie Sie an die Rezepte kommen? Ganz einfach!
1. Laden Sie die Chefclub-App herunter (wenn Sie es nicht schon längt getan haben)
2. Scannen Sie den untenstehenden QR-Code und los geht's!

Laden im App Store
JETZT BEI Google Play

INDEX

DANKE SCHÖN UND MERCI!

Unsere kleine, 35 Personen starke Truppe ist in Paris ansässig und arbeitet unabhängig von jedweden Industriekonzernen. Ihr Vertrauen hat es uns ermöglicht, dieses Buch mit der gleichen Sorgfalt und der gleichen Leidenschaft umzusetzen, die wir auch jeden Tag in unsere Chefclub-Videos einfließen lassen.

Wir haben Paris als Firmensitz ausgewählt, eine Stadt, die für ihre Koch-Talente bekannt ist. Wir sind sehr stolz auf die kulinarische Vielseitigkeit unseres Teams, das Mitglieder aus Deutschland, Japan, Brasilien, England, Argentinien und Italien zählt. Zusammen erforschen wir die Kochkünste aus allen Ecken der Welt und ziehen großen Nutzen aus unseren Unterschieden. Jedes Land bereichert uns mit seiner Leidenschaft und seinem Erfahrungsschatz … Auch Deutschland hatte in dieser Hinsicht einige Leckerbissen in petto!

Wir hoffen, dass Ihnen das Durchstöbern dieses Buchs so viel Freude bereitet wie uns die Umsetzung.

Ihr Chefclub-Team